Im dunkelsten Afrika

Der britisch-amerikanische Journalist, Afrikaforscher und Buchautor Sir Henry Morton Stanley, auch Bula Matari („der die Steine bricht"), wurde durch seine Expeditionsreisen in Afrika und die Erforschung und Erschließung des Kongo bekannt. Bei seiner Rückkehr von der Emin-Pascha-Expedition wurde ihm in Europa ein triumphaler Empfang bereitet. Er wurde mit Ehrungen überhäuft, erhielt Medaillen mehrerer europäischer wissenschaftlicher Gesellschaften und Ehrendoktorwürden der Universitäten Oxford, Cambridge, Durham und Edinburgh.

Henry M. Stanley

Im dunkelsten Afrika

Die legendäre
Emin-Pascha Expedition

Neu überarbeitet und herausgegeben von
Klaus-Dieter Sedlacek

Forschungsreisen und Abenteuer Bd. 6

Bibliografische Information Der Deutschen Bibliothek:
Die Deutsche Bibliothek verzeichnet diese Publikation
in der Deutschen Nationalbibliografie; detaillierte
bibliografische Daten sind im Internet über
http://dnb.ddb.de
abrufbar.

Neuausgabe

Dieses Buch ist der Auszug aus dem mehrbändigen Reisewerk
Henry M. Stanley, Im dunkelsten Afrika (2 Bände, Leipzig 1890, 6. Auflage 1908)
und dessen Ergänzungsband
Monteney Jephson, Emin Pascha und die Meuterei in Äquatoria
(Leipzig 1890, 2. Auflage 1891).

Coverdesign, Neuredigierung, Neuformat in moderner Antiqua-Schrift:
Klaus-Dieter Sedlacek
Internet:https://toppbook.de

Herstellung und Verlag: BoD – Books on Demand, Norderstedt.
ISBN: 9783749478774

Inhalt

Übersichtskarte zu Stanley, Im dunkelsten Afrika.

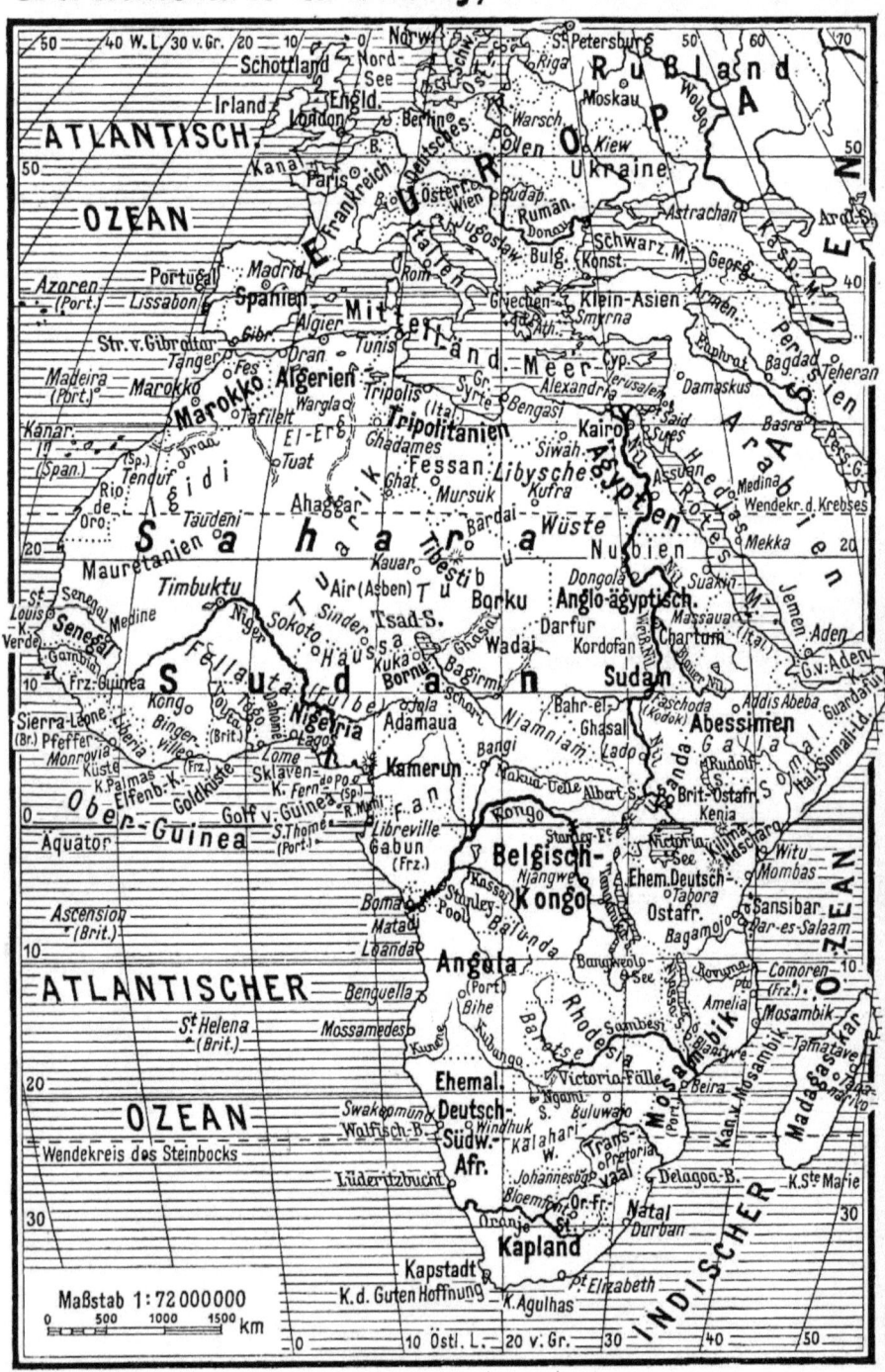

1. Emin-Pascha in Not.

Wie einst Alexander der Große in kühnen Feldzügen sich Asiens Völkerschaften unterworfen hatte, wollte Ismail Pascha, der Khedive von Ägypten, in der zweiten Hälfte des 19. Jahrhunderts der Eroberer Afrikas werden. Das Ziel seiner Machtgelüste war vor allem der an Naturschätzen reiche Sudan. Während Alexander Sieg um Sieg an der Spitze seiner Truppen erfochten hatte, saß der Khedive in seinem Prunkpalast zu Kairo, vergeudete die Steuern seiner fleißigen Untertanen und überließ die Kriegführung seinen Paschas und Beis. Daher wurde er schließlich, im Jahre 1879, auf Betreiben der Mächte abgesetzt und sein Sohn Mehmet Tewfik zum Khedive ernannt.

Die Unzufriedenheit der ägyptischen Bevölkerung mit dem gewissenlosen Herrscher und die Verworrenheit der wirtschaftlichen und politischen Zustände im Land nützte der 1844 in Dongola gebotene religiöse Eiferer Mohammed Achmed aus. Unter dem Vorgehen, der lang ersehnte „Mahdi", der von Gott Gesandte, zu sein, wiegelte er seit 1881 im Sudan einen Stamm nach dem andern gegen die ägyptische Regierung auf. Mit grenzenlosem Fanatismus schürte er den Hass, und durch ihn wurde der Sudan zum Schauplatz grausamer Kämpfe. Durch die 1882 von Arabi-Pascha angezettelte Militärrevolte veranlasst, hatte England die Leitung der ägyptischen Regierungsgeschäfte übernommen und damit auch die Verpflichtung, für Ruhe und Ordnung im Lande zu sorgen.

Unter Führung englischer Generale wurden Truppenmassen aufgeboten, aber im November 1883 wurde die Armee Hicks-Paschas bei El-Obeid vernichtet, 12000 Mann verloren dabei ihr Leben. Und im Februar 1884 büßte ein anderer englischer General ebenfalls den größten Teil seiner Mannschaft in blutigen Kämpfen ein. Später gelang es General Gordon-Pascha, auf dem Wege friedlicher Verhandlungen die Kriegsgelüste der feindlichen Stämme auf kurze Zeit zu dampfen. Doch bald wurde auch er von den fanatischen Derwischen, den Anhängern des Mahdi, überwältigt und in seiner Hauptstadt Chartum, am Zusammenfluss des Weißen und Blauen Nil, Ende Januar 1885 getötet. Gordon war früher schon, von 1874 bis 1876, im Interesse der Zivilisation im Sudan tätig gewesen. Zur Verwaltung von Äquatoria, der südlichsten Sudanprovinz, hatte er den 1840 in Oppeln geborenen deutschen Arzt Eduard Schnitzer berufen, der in türkischen Diensten den Namen Emin, der „Getreue", angenommen hatte.

Truppen auf Truppen hatten die Engländer gegen Süden geschickt, die kleinsten Erfolge mussten mit ungeheuren Opfern erkauft werden, und bald geriet der Vormarsch völlig ins Stocken. Es gelang den anglo-ägyptischen Truppen nicht, den Gouverneur Emin-Pascha aus der Umklammerung durch die blutgierigen Derwische zu befreien. Emin stand vor dem Untergang, mit ihm das Zivilisationswerk, das er in langjährigem, eifrigem Bemühen unter den friedfertigen heidnischen Schwarzen geschaffen hatte. Auch die Früchte seiner wertvollen wissenschaftlichen Arbeiten, durch die er sich einen großen Namen gemacht hatte, drohten vernichtet zu werden.

Die Notlage Emins und seiner Getreuen wurde in der Presse der gesamten zivilisierten Welt erörtert. Mit Leidenschaft besprachen die Kenner Afrikas das Für und Wider der verschiedenen Möglichkeiten, Emin zu Hilfe zu kommen. Man erwog, von Norden oder von Südosten, vom Indischen Ozean her, gegen Äquatoria vorzustoßen. Aber jeder der vorgeschlagenen Wege zeigte unüberwindliche Hindernisse: Hier begegnete der Munitionstransport Schwierigkeiten, dort konnte die Frage des Proviantnachschubs nicht gelöst werden. Der eine Plan scheiterte an der Höhe der Kosten, und wenn man den andern durchführen wollte, bestand die Gefahr, dass die Söldner der Entsatzexpedition den Einflüsterungen feindseliger Eingeborener erlagen und fahnenflüchtig wurden.

Ich war mir sofort darüber klar, dass es nur einen einzigen erfolgverheißenden Weg zu Emin gäbe. Es war der Weg von Westen her, die zwar sehr lange, aber verhältnismäßig sichere Kongolinie. Ich legte der britischen Regierung meine Pläne ausführlich dar und reiste, die langen Wartens auf eine Entscheidung müde, nach Amerika.

Kaum zwei Wochen nach meiner Ankunft in Amerika erhielt ich folgendes Telegramm der Regierung:

„London. Ihr Plan und Anerbieten angenommen. Regierung billigt sie. Mittel beschafft. Geschäft dringend. Kommen Sie sofort. Antwort. Mackinnon."

Am Neujahrsabend 1886 ging mir die Mitteilung zu, dass ich mit den Vorbereitungen beginnen könne. Ich wählte mir die Offiziere der Entsatzexpedition aus. Tag und Nacht waren wir unablässig damit beschäftigt, unsere Pläne bis ins kleinste auszuarbeiten. Der erste Auftrag, den ich erteilte, war telegraphisch an meinen Vertreter in Sansibar gerichtet. Ich forderte ihn auf, 200 Träger anzuwerben und ebenso viel Lasten Reis nach einer Missionsstation westlich von Sansibar zu befördern. Um mit den Wilden im Innern Afrikas günstige Handelsgeschäfte treiben zu können, wurden 1630 Kilo Glasperlen und eine Tonne Kupferdraht eingekauft. Eine englische Firma erhielt den Auftrag zum Bau eines Stahlbootes von 8,5 Meter Länge, 1,8 Meter Breite und einem Tiefgang von 0,75 Meter; es sollte in zwölf Teile von je etwa 35 Kilo Gewicht zerlegbar sein. Pack- und Reitesel wurden erworben, aus Ägypten wurden 500 Remingtongewehre und eine Menge Munition nach Sansibar geschickt. Hiram Maxim, der Erfinder des selbsttätigen Maximgeschützes, stiftete als Geschenk eines seiner kunstvoll konstruierten Maschinengewehre. Wir schickten Schaufeln, Hacken, Haumesser, Äxte in unser Vorratslager nach Sansibar, sorgfältig verpackte Arzneien wurden vorausgesandt, Zelte aus Segeltuch in dem Dampfer verstaut, der uns nach Ostafrika bringen sollte, große Mengen Tee, Kaffee, Fleischextrakt angekauft. Telegramme zwischen London, Kairo und Sansibar flogen hin und her, um die Expedition auf beste und so rasch wie möglich mit alledem auszurüsten, was in den Tropen für eine große Expedition erforderlich ist.

Eile tat not, denn der Tapfersten einer war in Gefahr! Jeder Tag, jede Stunde, die wir gewannen oder versäumten, konnte für das Sein oder Nichtsein Emin-Paschas entscheidend sein! Bitterernst lauteten seit über einem Jahr die spärlichen Nachrichten, die von diesem pflichttreuen Mann nach Europa kamen.

Am 16. November 1884 hatte er einem Missionar brieflich mitgeteilt, der Sudan sei der Schauplatz eines blutigen Aufstandes geworden, seit neunzehn Monaten sei er ohne Nachricht aus der Hauptstadt Chartum. Aber zuversichtlich und der Bedeutung seiner Sendung voll bewusst, fuhr er fort:

„Teilen Sie Ihren Freunden und durch sie der ägyptischen Regierung mit, dass wir bis zum heutigen Tage wohl sind und dass wir auszuhalten beabsichtigen, bis uns Hilfe erreicht oder bis wir untergehen!"

Dreizehn Monate später, am 31. Dezember 1885, schrieb Emin an den Sekretär der Antisklaverei-Gesellschaft:

„Schon seit Mai 1883 sind wir von jeder Verbindung mit der Welt abgeschnitten, von der Regierung verlassen, vielleicht vergessen. Wir sind heftig angegriffen worden, und ich weiß nicht, wie ich Ihnen die bewundernswerte Ergebenheit meiner schwarzen Truppen während eines langen Krieges schildern soll. Obwohl es ihnen schon seit langer Zeit an den allernotwendigsten Dingen mangelt, obwohl sie keinen Sold erhalten haben, fochten meine Leute doch tapfer! Und wenn der Hunger sie schließlich geschwächt hatte, wenn nach unglaublichen Entbehrungen und Leiden ihre Kraft erschöpft und das letzte Stück Leder des letzten Stiefels verzehrt war, dann blieb ihnen doch das stolze Gefühl: Wir haben unsre Pflicht getan!"

Das ist eine Schilderung in echt militärischem Geist! Ich entsinne mich noch des Eindrucks, den dieser Brief aus uns alle machte, als er in der größten Londoner Tageszeitung veröffentlich wurde. Jedermann war sich des bitteren Ernstes der Lage Emins bewusst. Eile tat not! Der Worte waren genug!

Am 27. Januar 1887 traf ich in Alexandrien ein und reiste unverzüglich nach Kairo weiter.

Der Khedive Mehmet Tewfik und der erste Minister, Nubar-Pascha, zweifelten, ob es klug sei, die Kongolinie zu wählen.

Berühmte Gelehrte seien über meine Absichten bestürzt gewesen und hätten zu verstehen gegeben, dass sie meine Pläne für absurd hielten. Ich ließ mich aber keinen Augenblick wankend machen. Ziel erkannt, Kraft gespannt, war mein Wahlspruch.

Ich fuhr durch den Suezkanal nach Süden weiter und kam am 23. Februar 1887 in Sansibar an. Noch an demselben Tage machte ich dem Sultan von Sansibar einen feierlichen Besuch.

Der Sultan schenkte mir einen kostbaren, reich mit Gold ausgelegten Säbel, einen Diamantring und den „Goldenen Gürtel Sr. Hoheit", dessen Schnalle seinen Namen in arabischen Buchstaben trug. Dieser Gürtel wird allen Arabern, mit denen ich auf meiner Expedition zusammenkomme, als Beweis gelten für das gute Einvernehmen zwischen mir und dem Fürsten. Und wenn ich ägyptischen Offizieren begegne, von denen viele vermutlich ungebildet sind, werden sie am Ehrensäbel erkennen, dass wir nicht zur verrufenen Kaste der elfenbeinhungrigen Händler gehören.

Der Abschied vom Sultan vollzog sich ebenso theatralisch wie der Eintritt. Ich verließ den Palast, um meinen Londoner Gesellschaftsanzug abzulegen und ihn, gegen Motten gut eingekampft, wieder zu verpacken, bis wir —- ja, wann, wann mochten wir nach unserm Marsch durch das dunkelste Afrika hierher zurückkehren?

Als ich mich durch die Menschenmenge drängte, die sich vor dem Palast eingefunden hatte, hörte ich immer wieder die Worte: „Ndio huju!" „Das ist er!"

Ja, das ist er, der es wagen will, Emin-Pascha zu befreien!

2. Der Aufbruch zur Rettung.

Mein Vertreter Edmund Mackenzie hatte in Sansibar alles so gewissenhaft vorbereitet, dass gleich nach meiner Ankunft sechshundert felddienstfähige Sudanesen und eingeborene Sansibarer an Bord gehen konnten. Der Dampfer „Madura" war mit Proviant und Wasser ausgerüstet, auch die Tauschwaren und die Lasttiere befanden sich bereits an Bord.

Doch ehe ich den Befehl zur Einschiffung gab, mussten noch einige wichtige Angelegenheiten erledigt werden. Vor allem musste ich mich mit dem berühmten Tippo Tip auseinandersetzen. Tippo Tip, ein arabischer Großhändler, war der ungekrönte König des Kongogebiets zwischen den Stanleyfällen und dem Tanganikasee. Abenteuerlustige Araber hatten sich unter seiner Fahne geschart, viele Tausende Manjema, kriegserfahrene, an das Leben in den Wildnissen des Äquators gewöhnte Männer, waren seines Winks gewärtig; Entdeckte ich an Tippo Tip die geringsten Anzeichen von Feindseligkeit, so war allergrößte Vorsicht geboten! Wenn etwa die Munition, die ich Emin-Pascha zuführen wollte, am Kongo von Tippo Tip uns weggenommen und gegen uns würde verwendet werden?

Ich bedurfte Tippo Tips Hilfe nicht, um Emin zu erreichen oder um mir den Weg weisen zu lassen, wohl aber bedurfte ich seiner, damit er mir zu zuverlässigen Trägern verhalf. Ich hatte erfahren, dass Emin-Pascha im Besitze von 75 Tonnen Elfenbein sei, also von einem Schatz im Werte von fünfviertel Millionen Mark! Dieses Elfenbein wäre sehr geeignet gewesen, den ägyptischen Staatsschatz wieder aufzufüllen und obendrein den überlebenden Mitgliedern der Expedition eine Belohnung zukommen zu lassen. Um diesen wertvollen Schatz nach dein Kongo zu befördern, wollte ich Tippo Tips Leute in Dienst nehmen.

Nach langem Feilschen schlossen wir den Vertrag: Tippo Tip verpflichtete sich, 600 Träger zu stellen, und ich ging in Gegenwart des britischen Generalkonsuls die Verpflichtung ein, jedem belasteten Mann für jeden Weg von den ungefähr unter dem Äquator liegenden Stanleyfällen des Kongo nach dem Albertsee und zurück 6 Pfund Sterling zu zahlen.

Während ich durch diese Verhandlungen in Anspruch genommen war, hatte Mackenzie die für die Entsatzexpedition bereits angeworbenen 620 Mann mobilgemacht und ihnen als Vorschuss auf vier Monate insgesamt 12415 Dollars ausgezahlt. Sobald fünfzig Mann abgefertigt waren, wurde ein Leichter herangeholt, der die Leute aufnahm und dann von einer Dampfbarkasse nach dem Transportdampfer geschleppt wurde. Gegen Mitternacht waren alle, die zur Expedition gehörten, an Bord versammelt, und als der Morgen des 25. Februar 1887 dämmerte, wurden die Anker gelichtet. Wir dampften nach dem Kap der Guten Hoffnung ab.

Zwei Stunden nach unserer Abfahrt gab es den ersten Zwischenfall. Zwischen Sansibarern und Sudanesen hatte sich eine Rauferei, ein „Schindi", entsponnen, und eine Zeitlang schien es, als würden wir mit vielen Toten und Verwundeten nach Sansibar zurückkehren müssen. Der Kampf war aus einem Streit um die Unterkunft auf dem Schiffe entstanden. Die so leidenschaftlich wider einander Hadernden waren allesamt Bekenner des Islam, aber keiner dachte an die Religionsgemeinschaft; sie ergriffen Brennholz, rissen Planken los und verprügelten einander damit. Als ich gerufen wurde, bot sich mir ein fürchterlicher Anblick. Die Gesichter von ein paar Dutzend Leuten waren blutbesudelt. Befehle waren in diesem Tumult nicht mehr zu verstehen, und es blieb meinen Offizieren nichts anderes übrig, als sich selbst mit Knütteln zu bewaffnen und die Rädelsführer zur Vernunft zu zwingen. Vor allem die sudanesische Minderheit, ausgesucht breitschultrige, stiernackige Gesellen, zur Ordnung zu bringen, erforderte beträchtlichen Aufwand von Überredungskunst und — wohlgezielte Hiebe!

Schließlich gelang es, die kämpfenden Parteien in weit voneinander abliegenden Räumen unterzubringen. Nachdem wir uns von Blut und Schweiß gereinigt hatten, beglückwünschte ich die Offiziere wegen ihres mutigen Eingreifens in dieses fürchterliche „Schindi". Abgesehen von Abschürfungen und geringeren Verletzungen war das Ergebnis des Kampfes: zehn Arm- und Beinbrüche, fünfzehn ernstliche Speerwunden und blutige Köpfe! Der Anfang unserer Fahrt war nicht sehr verheißungsvoll.

* * *

Wir umfuhren das Kap der Guten Hoffnung, steuerten an der Westküste Afrikas nordwärts und warfen am 18. März 1887 in der Kongomündung Anker.

Sofort erkundigten wir uns bei den belgischen Behörden nach den Fluss- dampfern, die uns die Regierung zur Verfügung gestellt hatte. Die Auskunft war niederschmetternd: der Dampfer „Stanley" sei ernstlich beschädigt, die Missionsdampfer befanden sich irgendwo in unbekannten Gebieten des Oberkongo, der „En avant" sei gestrandet und ohne Kessel und Maschinen, der „Royal" sei vollkommen wrack, kurz: Das uns versprochene Schiffsma- terial sei überhaupt nur in der Einbildung der Bureauherren in Brüssel vor- handen.

„Übrigens", sagte ein Beamter des Kongostaats mit überlegenem Nach- druck, „sollen Ihnen die Schiffe nur dann zur Verfügung gestellt werden, wenn das ohne Nachteil für den Staatsbetrieb geschehen kann." Außerdem sei in den Gebieten, die wir zu durchqueren beabsichtigten, eine entsetzliche Hungersnot ausgebrochen.

Welch entmutigenden Eindruck dies alles auf meine Offiziere machte, lässt sich denken. Es fehlte nur noch, dass sie von diesen Kolonialbeamten zu einem Besuch des Friedhofs eingeladen wurden! Die Holzkreuze hätten Veranlassung geboten zu mancherlei Betrachtungen über junge Leute, die voll Hoffnung ausgezogen waren. Immer wieder musste ich meinen Beglei- tern die Worte Emins ins Gedächtnis hämmern: „Wenn wir nicht bald Hilfe erhalten, werden wir umkommen!"

* * *

Wir waren den Kongo von der Mündung 175 Kilometer aufwärts bis Matadi gefahren, dann setzten Stromschnellen unserm Dampfer ein Ziel. Den oberen Kongo mussten wir aus dem Landwege zu gewinnen suchen.

In der Morgenfrühe des 25. März ertönte im Lager der Sudanesen die Si- gnaltrompete. Gegen sechs Uhr waren die Zelte zusammengelegt, die Wa- renstapel aufgeteilt, die Kompanien um ihre Hauptleute versammelt. Eine Viertelstunde später marschierte ich mit der Vorhut ab. Das gesamte Expedi- tionskorps folgte im Gänsemarsch und führte 466 Trägerlasten Munition, Waffen, Perlen, Draht, Proviant, Salz, Messingstangen mit sich. Der Ab- marsch ging glatt vonstatten.

Aber schon nach einstündigem Marsch wurden die Berge steil, die Son- ne schien heiß, die Lasten wurden schwerer und schwerer, und die durch das angenehme Leben an Bord verwöhnten Leute wurden so schlapp, dass die Expedition keinen sehr vertrauenerweckenden Anblick bot. Jeder Sansibarer trug 30 Kilo Munition, einen Reisvorrat für vier Tage und dazu seine Ausrüstung an Stoffen und Schlafmatten im Gewicht von durchschnittlich 3 1/4 Kilo. Ehe sich die Träger an das Klima gewöhnt hatten, durfte ich ihnen keine allzu langen Märsche zumuten und musste allenthalben Geduld üben.

Schon aus diesem Marsch zeigte sich mir die Notwendigkeit, auf allerstrengste Zucht zu halten. Kaum hatten die Sansibarer die Zelte ihrer Offiziere aufgeschlagen, da stürzten sie auch schon in die benachbarten Dörfer und begannen zu plündern. Einer meiner Leute wurde dabei von einem Eingeborenen erschossen. Dieser Zwischenfall, der noch weit schlimmere Folgen hätte haben können, lieferte mir den Beweis, dass straffe Manneszucht dauernder Nachsicht vorzuziehen ist, und dass ungehorsame, zügellose Leute eine ganze Armee in Gefahr bringen können.

Kein angenehmeres Gefühl gibt es als dies: wir haben unser Tagewerk vollbracht, und nun kann der Rest des Tages dazu benutzt werden, zu lesen, zu ruhen und über das Morgen nachzudenken.

Aber nichts Unangenehmeres gibt es, als wenn infolge mangelnder Strenge Zeit vergeudet wird und die Mannschaft in dem erstickend hohen Grase unter den sengenden Strahlen der Äquatorsonne ihre Kräfte verzettelt, wenn die geschlossene Linie der Träger sich in Grüppchen auflöst, die im Röhricht oder unter entfernteren Baumkronen Kühlung suchen. Dann fehlt es am Abend an Wasser, dann sind die Lasten beraubt. War es grausam, wenn ich unter diesen Umständen zur Prügelstrafe griff? Ein paar Hiebe sichern 800 Mannschaften und Offizieren eine achtzehnstündige Ruhe und bewahren den Proviant vor Plünderung.

Wurde die Strenge freilich nicht weise ausgeübt, so wurde sie mit Streikandrohung beantwortet. Eines Tages kamen die Sudanesen zu mir und forderten eine wesentliche Erhöhung ihrer Lebensmittelration. In wenigen Tagen hatten sie 20 Kilogramm Zwieback und Reis aufgegessen. Aber ich musste mich zu einer Sonderzuweisung an die Aufsässigen entschließen, denn sie drohten, sofort nach dem unteren Kongo zurückzukehren. Dabei ist zu bedenken, dass diese Sudanesen nur ihre·Gewehre, ihre Decken und ihren Mundvorrat trugen, während die armen Sansibarträger mit dem schweren Tauschgut, mit Proviant, Munition und allerhand Kriegsgerät bepackt waren. Ohne sie wären Sudanesen und Europäer völlig außerstande gewesen, Emin zu befreien.

In den Ostertagen lastete eine schier unerträgliche Hitze über dem Kongogebiet. Führer wie Leute litten schwer unter der Tropenglut. Die Sudanesenkompanie war vom Fieber befallen. Große Mengen Fleischsuppe mussten gekocht werden, um die Kranken und Kränkelnden wieder marschtüchtig zu machen.

Jeden Tag erlitten wir Verluste, Verluste an Leuten durch Krankheit oder Fahnenflucht und auch Verluste an Gewehren, Proviant und Munition. Fortwährend liefen Klagen ein über unverbesserliche Spitzbuben und über erbärmliche Burschen, die mit ihrem Vorschuß durchgebrannt waren. Als ich meine Leute in diesen Tagen musterte, gewann ich die Überzeugung, dass nur etwa 150 freie, redliche, unbedingt verlässliche Männer unter ihnen waren; alle übrigen waren entweder Sklaven oder Gesindel. Nachdem wir kaum einen Monat marschiert waren, fehlten uns an Haumessern, Äxten, Schaufeln, Kochgeschirren, Spaten mehr als fünfzig vom Hundert des Sollbestandes.

Da in dieser Gegend die Lebensmittel knapp waren, musste ich bedacht sein, so rasch wie möglich auf dem Wasserwege tiefer ins Land hineinzukommen. Denn Hunger ist für willensschwache Menschen ein arger Versucher!

Wir erreichten den Kongo bei Kinshasa am Stanley-Pool. Von hier konnte die Fahrt stroman beginnen. Nun konnten wir Emin-Pascha jeden Tag, jede Stunde ein gutes Stück näherkommen.

3. Den Kongo hinauf.

Am 1. Mai traten wir von Kinshasa die Bergfahrt auf dem mächtigen Kongo an. Voran fuhren „Henry Reed" und zwei Leichter, mit Tippo Tip nnd hundert seiner Leute an Bord. Ihm folgten „Stanley" und „Florida" mit 336 Mann, 6 Eseln und Warenladungen; eine halbe Stunde später versuchte die „Peace" mit 135 Fahrgästen abzugehen. Aber die guten Wünsche der Leute am Lande waren kaum verklungen, da brach inmitten stärkster Strömung das Steuerruder plötzlich entzwei. Während die Fluten mit einer Geschwindigkeit von 11 Kilometer in der Stunde dahinschossen, musste der Kapitän Anker werfen, das Boot legte sich platt auf die Seite, und die Ketten rissen das Deck auf. Da sich die Anker in die Klippen des Strombetts eingehakt hatten und nicht gehoben werden konnten, mussten wir sie tappen. Mit knapper Mühe gelang uns die Notlandung.

Am nächsten Tage fuhr die „Peace" zunächst ganz gut, dann aber machte sie uns wieder viel Schwierigkeiten und Sorgen. Natürlich konnten wir unter diesen Umständen nur bei Tage fahren, bei einbrechender Dämmerung mussten wir an Land gehen. Dann waren die Leute vollauf mit dem Schlagen von Brennmaterial für den Bedarf des nächsten Tages beschäftigt Eine Anzahl Mannschaften musste das Holz abgestorbener Bäume sammeln und zu den Holzhauern am Landungsplatz bringen. Für einen Dampfer wie den „Stanley" brauchte man 50 Mann, die zwei Stunden lang Holz suchen mussten, zwei Dutzend Leute spalteten es dann für die Feuerung zurecht. Noch am Abend musste das Heizmaterial in den Dampfern verstaut werden, damit am nächsten Morgen kein Aufenthalt entstand. Holzfeuer beleuchteten während dieser Arbeiten gespenstisch den Schauplatz, schauerlich klang das Spalten und Zersplittern der Baumstämme —- dann umfing uns das Schweigen des nächtlichen Urwalds.

Die „Peace" ließ auch in den nächsten Tagen nicht davon ab, uns zu ärgern. Aller Dreiviertelstunden mussten wir haltmachen, um die Maschine zu ölen, die Schraube zu klaren oder den Feuerungsrost zu reinigen. Durch diesen ganz untauglichen Dampfer verloren wir Stunden und Tage —- es war nun einmal unser Schicksal, überall unter Verzögerungen leiden zu müssen.

Am nächsten Tage sahen wir den Dampfer „Stanley" in bedenklicher Nähe eines Felsenriffs. Der Schiffsrumpf war an verschiedenen Stellen durchlöchert, mehrere Nieten waren herausgestoßen worden. Wir zerschnitten einige alte Ölkannen und stellten Platten her, die an der Außenseite des Schiffes festgeschraubt wurden. Das war eine sehr missliche Arbeit; sie erforderte Geduld und große Sorgfalt. Ein Taucher musste unter Wasser die Platten an die wunden Stellen pressen; der Maschinist, der bis zur Brust im Wasser stand, faßte von innen die Platten und schraubte sie fest. Es vergingen Tage, bis der Dampfer seine Fahrt fortsetzen konnte.

Die Landschaftsbilder, die wir schauen durften, waren Lohns genug für unser geduldiges Harren und unermüdliches Schaffen. Wir sahen auf unserer Stromfahrt idyllische Inseln, Flussarme mit totenstillem Wasser, das unter der Sonne wie pures Silber leuchtete. Jede Umdrehung der Schiffsschraube zeigte neue Bilder des schier unendlichen Urwalddickichts. Auf einer 1600 Kilometer langen Fahrt durften wir uns ununterbrochen an den Formen und Farben einer Pflanzenwelt freuen, die an Mannigfaltigkeit, Schönheit und Wohlgeruch in der ganzen Welt nicht ihresgleichen findet.

Nachdem wir Bangala hinter uns hatten, eine ziemlich stattliche Niederlassung mit Ziegeleien, einer Garnison von sechzig Mann und zwei kruppschen Geschützen fuhren wir an Basokodörfern vorüber, die an der Einmündung des mächtigen, in ostwestlicher Richtung strömenden Aruwimi liegen. Die Basoko waren die Landsleute „Schießpulvers", Barutis, eines Mitgliedes meiner Expedition. Baruti war als Kind geraubt und nach England gebracht worden; dort war er in meine Obhut gekommen, und nun sah er nach sechs Jahren sein Heimatdorf wieder.

Baruti rief vom Schiff aus die Eingeborenen an. Schüchtern kamen sie in ihren Kanus bis auf Rufweite näher. Er erkannte einige Bootsleute wieder und suchte ihnen Mut zu machen, sie sollten an Bord kommen. Laut fragte er nach einem Mann. Die Wilden gaben den Namen von Mund zu Mund weiter, schließlich bestieg der Gesuchte ein Kanu und ruderte heran. Es war Barutis ältester Bruder. Baruti wollte erforschen, wie es ihm in den sechs Jahren ergangen sei, aber der Bruder starrte ihn einfältig an, und statt Wiedersehensfreude zu zeigen, äußerte er seine Zweifel, ob Baruti sein Bruder

Kampf mit den Avisibba (S. 26)

Rettung Nelsons aus dem Hungerlager (S. 96)

wäre. Er war nicht zu bewegen, an Bord zu kommen. Erst als Baruti die Namen seiner Eltern nannte, hellten sich die Gesichtszüge des Bruders auf.

„Wenn du mein Bruder bist, so nenne mir etwas, woran ich erkenne, dass du die Wahrheit sprichst!"

„Du hast eine Narbe am Arm — dort am rechten! Erinnerst du dich noch des Krokodils?"

Diese Andeutung beantwortete der junge, breitbrüstige Eingeborene mit einem Freudenschrei. Er rief die Kunde von diesem Erlebnis seinen Landsleuten am Ufer zu, und zum ersten Male in seinem Leben vergoss Baruti Tränen. Ungezählte Kanus eilten heran, die Eingeborenen wollten teilhaben an dem Glück der wieder vereinten Brüdern.

Ich fühlte unserm Baruti die Sehnsucht nach, an Land zu gehen und seine Brüder und Freunde zu begrüßen. Ich stellte ihm frei, ob er im Dorf bei seinem Stamm bleiben oder weiterhin meiner Expedition angehören und meinem abenteuerlichen Marsche ins Ungewisse folgen wolle. Ich bat ihn freilich, sich doch für mich zu entscheiden und mir gerade hier im Bereich feindlicher Araber mit seinen Gelände- und Sprachkenntnissen beizustehen.

Entschlossen lehnte es Baruti ab, zu seinem Stamm in die Wildnis zurückzukehren.

Aber kaum waren zwei Tage verstrichen, da schien er seine Meinung geändert zu haben. Über Nacht bewaffnete er sich mit einem Winchestergewehr, mit etlichen Revolvern und mit Munition, entwendete eine silberne Reiseuhr, einen silbernen·Schrittmesser, einen Gürtel mit Patronentaschen und eine kleine Summe Geldes; schließlich stahl er uns ein Kanu und verschwand flussabwärts . . .

Sollte ich einem gram sein, den das Heimweh nach seinem Vaterhause, nach seiner heimatlichen Scholle überwältigte?

* * *

Wir erreichten auf dem Aruwimi die Siedlung Jambuja. Die Eingeborenen waren in tausend Ängsten, was wir weißen Teufel wohl mit ihnen vorhaben könnten. Wir begannen Unterhandlungen über die Erlaubnis, gegen Zahlung von Stoffen, Perlen, Draht und Eisen einige Wochen in ihrem Dorf zu rasten. Das Ansinnen wurde sehr bestimmt zurückgewiesen.

Es kostete langwierige Verhandlungen, bis es mir gelang, mit einem der Häuptlinge von Jambuja Blutsbrüderschaft zu trinken. Im Interesse der großen Sache ließ ich mich zu einer Handlung bereitfinden, die an Ekelhaftigkeit schwerlich ihresgleichen hat.

Mit Speeren wurden unsere Arme angestochen, auf das rinnende Blut wurde eine Prise schmutziges Salz gestreut, und nun mussten wir gegenseitig unser Blut auslecken.

Ich tat es gern, denn ich brachte die Expedition dadurch ein gut Stück ihrem Ziele näher. Während ich mich zu diesem Blutsbrüderschaftstrunk entschloß, sah ich vor meinem geistigen Auge die fernen Hasen des Nil und des Albertsees . . . Ich sah Emin Pascha und seine Leute, die mit ängstlichen Blicken nach dem Urwald im Westen ausschauten, aus dem ihnen Hilfe kommen sollte. Ich hatte ja schon von Sansibar aus Emin über meine Pläne

Nachricht gegeben. Zwischen ihm und uns lag freilich noch jenes unermeßliche Gebiet, das auf den Landkarten weiß gelassen ist.

Als wir durch das Spalier der hunderttausend riesenhaften Urwaldbäume fuhren, die sich an den Ufern des Stroms aufgestellt haben, da hatte jeder im tiefsten Herzensgrunde seine Gedanken. Ich sah immer den tapferen Gouverneur vor mir, der auf einsamer Wacht steht, seine Soldaten ermutigt und mit zuversichtlich ausgestreckter Hand nach der Richtung zeigt, aus der der sehnlichst erwartete Entsatz kommen wird.

Wer weiß, was uns in diesem Lande noch bevorstand, wo Tausende von Menschenfressern und Sklavenräubern auf der Lauer liegen konnten. Aber ich zagte nicht! Auf dem schmalen, geraden Wege der Pflicht werden wir, ich zweifelte nicht daran, unser hochgestecktes Ziel erreichen.

4. Die Schrecken des Urwalds.

Da wiederum Stromschnellen die Schiffahrt unmöglich machten, mussten wir uns aufs Neue zu gefährlichen Märschen durch das Urwalddickicht entschließen.

Eine afrikanische Straße ist ein Fußpfad, der sich in der trockenen Jahreszeit durch außerordentliche Glätte und durch die Härte des Asphalts auszeichnet. Da die Eingeborenen im Gänsemarsch zu gehen pflegen ,ist der Weg nicht breiter als 30 Zentimeter. Ist er alt und ausgetreten, so gleicht er einer schmalen gewundenen Gosse, durch die zur Regenzeit das Wasser strömt.

Im Gänsemarsch also marschierten wir, eine Kompanie nach der andern, aus den Toren Jambujas. Jede Kompanie hatte ihre Fahne, einen Trommler und einen Trompeter. Fünfzig ausgesuchte Leute marschierten als Vorhut voraus. Ihre Aufgabe war es, Haumesser und Axt geschickt zu handhaben, Bäume zu fällen, hindernde Äste zu entfernen und den Kolonnen der Träger eine Gasse durch den Wald zu bahnen. Sie mussten gewandte Pfadfinder sein, die vorteilhafteste Stelle des Dickichts erkennen und zum Durchbruch wählen. Sie mussten Bäume niederlegen, um den Übergang über Flüsse zu ermöglichen, durften niemals lange zögern und ratschlagen, sondern hatten unverzüglich an das Durchbohren des Dickichts zu gehen. Denn es ist für Träger außerordentlich ermüdend, mit einer schweren Last in der tropischen Hitze stillzustehen. Die Männer der Vorhut müssen wacker darauflosshacken, sonst entsteht unter den Trägern ein unheilverheißendes Murren. Arbeiten die Bahnbrecher nicht geschickt und mit Aufbietung der letzten Kraft, so müssen sie das Haumesser an andere abgeben und wieder Kisten und Ballen aufnehmen. Dreihundert ermüdete, vielgeplagte Träger lassen nicht mit sich spaßen! Die Leute der Vorhut müssen tapfer sein, müssen Angriffe zurückschlagen, sie müssen scharfe Beobachtungsgabe besitzen und zu entschlossenem Handeln bereit sein! Die Burschen sollen jung, geschmeidig, gelenkig fein; alte, beleibte,. zeitvergeudende Leute müßten eine Flut von Schimpfworten über sich ergehen lassen.

Ich fragte den an der Spitze der Kolonnen marschierenden Mann, den Kirangosi, der einen Haarputz nach Art eines griechischen Helms trug:

„Wo ist der Weg?"

„Dieser hier, der nach Sonnenaufgang führt."

„Wie viel Stunden sind es bis zum nächsten Dorf?"

„Das weiß nur Gott", antwortete er.

„Kennst du kein Dorf, kein Land in dieser Richtung?"

„Nicht ein einziges. Wie sollte ich auch?" war die Antwort des Mannes, der unter uns der landeskundigste war.

Der Kirangosi, der Mann an der Spitze.

„Nun denn, Bismillah, vorwärts in Gottes Namen! Mag Gott mit uns sein! Halte dich an den Fluss, dass wir uns nicht ins Innere des Urwaldes verirren!"

„Bismillah!" erscholl es aus seinem Munde. „Bismillah!" war das Echo der Pioniere.

Die Nubier bliesen das Signal „Vorwärts!", und kurz darauf verschwand die Spitze der Kolonne in das Dickicht des Urwalds. Ich wollte nicht mit meiner ganzen Mannschaft nach dem Njansa marschieren. Es wäre unklug gewesen, alles auf eine Karte zu setzen; die Truppe war auch zu zahlreich, um ohne schwere Verluste durch den unermesslichen Urwald Innerafrikas dringen zu können, der sich vor uns ausdehnte und den nach nie eines Weißen Fuß betreten hatte; außerdem mussten die von Tippo Tip versprochenen 600 Träger abgewartet werden. Ich ließ daher in Jambuja unter dem Befehl des Major Barttelot eine starke Nachhut zurück, ein Drittel meiner Mannschaft. Barttelot war der älteste Offizier und schien mir auf Grund seiner Erfahrungen in den Tropen für diesen wichtigen Vertrauensposten sehr geeignet zu sein. In einem ausführlichen Schreiben unterrichtete ich ihn genau über seine Aufgaben. Auch wenn Tippo Tip die Träger nicht schicken sollte, musste die Nachhut versuchen, auf dem Weg, den ich ihr auf meinem Marsch nach Osten genau bezeichnen würde, zu mir zu stoßen, damit ich rechtzeitig genügend Kräfte zur Rettung Emin-Paschas zur Verfügung hätte.

* * *

Das war am 28.Juni 1887. Bis zum 5. Dezember, also 160 Tage, durchquerten wir den Urwald, ohne ein Stück Grasland zu sehen, und sei es auch nur von der Größe einer Zimmerdiele!

Wir marschierten zunächst auf einem Pfade, der wenig begangen war und sich unter dunklem, dichtem Gebüsch dahinwand. Obwohl fünfzig Äxte und Haumesser in Tätigkeit waren, wurden wir fortwährend durch Mauern von Gestrüpp aufgehalten.

Als wir uns wieder dem Ufer des Aruwimi genähert hatten, entdeckten wir ins den Stromschnellen Inseln, auf denen eine große Menge Frauen und Kinder versammelt war. In etwa hundert Kanus fuhren die eingeborenen Krieger heran und begrüßten uns mit höhnischem, herausforderndem Geschrei.

Die Spitze unserer Kolonne erreichte bald eine Straße von 6 Meter Breite und 300 Meter Länge. Was bedeutete das? Die Wilden hatten eine Straße durch den Busch gehauen?

„Eine Falle! Leute, paßt auf!"

Da tauchten auch schon am Ende der Straße dreihundert Eingeborene aus, bis an die Zähne bewaffnet, den Bogen gespannt.

Mit dem Buschwerk, das die Eingeborenen beim Straßenbau abgeschlagen hatten, war der Wald zu beiden Seiten palisadenartig verbaut. Welche List verbarg sich hier?

Unsere fünfzig Paar scharfe Augen erspähten bald, dass die Straße von Palmsplittern starrte; sie ragten nur ein paar Zentimeter aus dem Erdboden heraus und waren geschickt mit grünen Büscheln verdeckt.

Als zwölf meiner Leute die Palmsplitter aus dem Boden zu ziehen begannen und die gesamte Vorhut unter langsamem Schützenfeuer vorrückte, schossen die Feinde ihre Pfeile ab, dann flohen sie und ein paar Minuten darauf ließen sie ihre Siedlung in Flammen aufgehen.

Eine Anzahl Eingeborene hatte ihre törichte Herausforderung mit dem Tode bezahlen müssen. Die Schuld daran trugen wahrscheinlich die Jambuja, die die seltsamsten Fabeln von unserer Raubgier erfunden und ihre Nachbarn zu dem törichten Versuch veranlasst hatten, eine mit 400 Gewehren ausgerüstete Truppe aufzuhalten.

Die ganze Nacht über schickten die Wilden ihre Pfeile in unser Lager; sie ließen gellende Hörner erklingen, lärmten und schrien entsetzlich und gaben wild brüllend Befehle, als solle gleich darauf von allen Seiten her der Angriff auf unser Lager beginnen. Ich kannte die tausend Listen dieser Waldteufel und ermahnte die Schildwachen, kaltblütig zu bleiben und die Augen offenzuhalten.

4. Die Schrecken des Urwalds.

Am nächsten Morgen wurde mir gemeldet, ein Mann sei mit knapper Not dem Tode entgangen. Ein Speer war neben ihm in die Erde gedrungen und hatte seine Schlafdecke und seine Matte durchbohrt. Zwei Mann hatten leichte Pfeilwunden erhalten.

Unser Marsch durch den Urwald führte an einer Reihe kleiner, verlassener Weiler vorüber. Längs unseres Pfades bemerkten wir Fanggruben für Großwild und Fallen für Eichhörnchen und Affen. Ungefähr alle fünfzig Meter lag quer über dem Weg ein gestürzter Baumriese, der von den Trägern und den Packeseln mühsam überklettert werden musste. Die Mannschaften machten ihrem Missmut über diese Schanzen der Eingeborenen in sehr erregten Worten Luft. Da die Zugänge zu den Dörfern meist mit vergifteten Holzsplittern besät waren, mussten Sudanesen und Sansibarer größte Vorsicht beobachten. Aber selbst die Europäer waren gefährdet, denn die nadelspitzen Holzsplitter drangen durch das dickste Stiefelleder.

Eines Nachmittags führte unser Pfad an einige mit Seerosen überwachsene Tümpel. Als ich erkannte, dass der Pfad nicht von Menschen, sondern von Elefanten herrührte, dass er also nicht in die Nähe menschlicher Behausungen führte, schickte ich sofort zweihundert Mann in die hinter uns liegenden Dörfer zurück, um genügend Maniok, eine stärkemehlreiche Wurzelknolle, zu holen und eine Hungersnot von uns abzuwenden. Wir begegneten mitten im Walde Eingeborenen, die mit dem Aufstellen von Wildfallen beschäftigt waren, und suchten Aufschluss über Land und Leute zu erhalten. Sie gaben uns die seltsame Antwort:

„Wir haben nur ein Herz, darum solltet auch ihr nicht zwei haben!"

Was sollte das heißen? Es mochte bedeuten:

„Sprecht nicht so höflich zu uns! Verstellt euch nicht! Ihr seid ja doch nur hierher gekommen, um uns Leid anzutun."

Sie machten uns darauf aufmerksam, dass sie selbst kein Menschenfleisch äßen, dass dagegen die Babanda, Babali und die Babukwa, in deren Gebiet wir nun kämen, außerordentlich lüstern nach Menschenfleisch seien. Das waren schöne Aussichten!

* * *

Nun führte uns kein Pfad mehr; wir arbeiteten uns nach dem Kompaß durch den ungeheuren, grausigen Wald mit seinem dschungelartigen Unterholz. Um ein stetiges, wenn auch langsames Vorwärtskommen zu sichern, gab ich den Pionieren der Vorhut Anweisung, dass jeder im Weitergehen einen hindernden Zweig aufs Korn nehmen, einen scharfen Hieb danach führen und weitermarschieren solle, solange es nur irgendwie möglich sei. Die zwei Männer an der Spitze sollten ihre Tätigkeit darauf beschränken, alle zehn Meter ein deutlich sichtbares Wegzeichen an den Bäumen anzubringen, vielleicht einen etwa handbreiten Streifen Rinde loszulösen. Da die

Nachhut uns erst in ein oder zwei Monaten würde folgen können, war das sorgfältige Bezeichnen unseres Weges eine sehr wichtige Angelegenheit.

Unser Marsch führte durch eine Wildnis, die noch nie ein Mensch betreten hatte. Es ging darin mitunter so langsam vorwärts wie bei einem Leichenbegängnis. Ost kamen wir kaum einen halben Kilometer in der Stunde weiter. Bei einem Tagesmarsch von etwa sieben Stunden brachten wir nicht mehr als acht Kilometer hinter uns. Wir gerieten zuweilen in unwegsames Gelände voller Rinnsale mit tiefen, mit Schaum und grünen Wasserlinsen bedeckten Kotlachen. Bis an die Knie sanken wir ein in diese stinkenden, mit verwesenden Stoffen erfüllten Sümpfe.

Kaum waren wir aus diesem Gift hauchenden Morast, aus diesem Gewirr von Bächen und flussartigen Tümpeln herausgekommen, als der Wald sich derart verfinsterte, dass ich kaum den Kompaß ablesen konnte. Ein entferntes Geräusch, das sich rasch zu lautem Pfeifen verstärkte, ein Knirschen der Äste, ein Ächzen der Urwaldriesen unter den Geißelschlägen des Sturmes waren die Anzeichen eines heraufziehenden Gewitters.

Schon begannen Tropfen zu fallen. Schleunigst wurden über niedriges Buschwerk Zeltbahnen gespannt, die Haumesser sausten, die Äxte trachten, um den Raum für das Lager zu lichten. Der Regen war kalt und ließ uns erschauern. Blitze warfen grellen Feuerschein in die Dunkelheit, unaufhörlich rollte der Donner-, dröhnten Schläge. Der Regen strömte wie ein Wolkenbruch, so dass wir kein Feuer anzünden konnten. Noch um drei Uhr morgens saßen wir zusammengekauert, vom Sprühregen durchnässt, von den feuchten, dampfenden Ausdünstungen des Urwaldmorastes gepeinigt. Erst gegen Morgen flackerten die Feuer auf, erst jetzt konnten wir die bitteren Maniokknollen rösten und einigermaßen unsern Hunger stillen.

* * *

Am Morgen hörten wir in der Ferne Eingeborene singen. Ich sandte sofort Kundschafter aus. Kaum waren sie fort, als wir ein immer heftiger krachendes Gewehrfeuer vernahmen. Ich hieß die Träger ihre Waren niederlegen und schickte sie als Plänkler vor. Boten meldeten: Als die Vorhut den Strom erreicht habe, seien Eingeborene in Kanus herangerudert gekommen, hätten Pfeile abgeschossen und dadurch unsere Leute gezwungen, Feuer zu geben.

Da ich feststellen konnte, dass der Aruwimi hier frei von Stromschnellen war, ließ ich sofort die einzelnen Stücke meines Stahlboots „Adance" herbringen und zusammenfügen. Das Boot machte alles in allem 44 Lasten aus, 50 Lasten vermochte es zu tragen, dazu zehn Kranke — ich konnte also mehr als hundert meiner Leute glücklich machen. Es war auch hohe Zeit, dass uns der Strom unser Ziel erreichen half, denn der Mangel an ausgiebiger, Abwechslung bietender Nahrung, die langen, erschöpfenden Märsche und die Sorge um das Schicksal Emin-Paschas würden bald auch die Kräfte des willensstärksten Mannes gebrochen haben.

Eine Biegung des Strombetts — schon waren wieder Stromschnellen in Sieht! Sie machten keinen gefährlichen Eindruck, und so mühten wir uns, sie zu überwinden Wir nahmen den Kampf gegen die Wellen auf. Während die Leute auf der einen Seite ruderten, ergriffen die auf der anderen Seite die überhängenden Büsche und zogen. Ich steuerte. Langsam kamen wir zwischen Felseninseln vorwärts. Da auf einmal tauchte eine ganze Armee wütender Wespen auf, mitten in der reißenden Strömung setzten sie sich uns auf Hand und Gesicht und brachten uns ihre teuflischen, giftigen Stiche bei. Mitten im Kampf mit rauschenden Wellen und brausenden Wirbeln, zwischen Felsen und Rissen, brachten uns die brennenden Schmerzen fast zum Wahnsinn. Mit den Zähnen und den Fingernägeln zogen wir uns hundert Meter weiter hinauf, und zäher Wille führte zum Ziel; wir überwanden die "Wespenfälle", wie wir sie nannten. Das war am 25. Juli 1887.

Neue Katarakte zwangen uns, das Stahlboot wieder zu zerlegen. Aufs neue ging es hinein in das bange Ungewiß des endlosen Urwalds. Das ist kein Marschieren, das ist ein Durchbohren durch fast undurchdringliches Dickicht, ein quälendes Winden durch ein zähes Netzwerk von Zweigen und Schlingpflanzen und Röhricht.

Wir kamen durch viele Weiler, Oasen in der Waldwüste.

Es waren seltsame Oasen. Vor den Hütten lagen widerliche Kehrichthaufen aus Staub, Unrat, Abfällen von Maniok und Bananen und Muschelschalen. Ich könnte auf Grund dieser Düngermassen eine interessante Abhandlung über Sitten und Gebräuche der Eingeborenen schreiben, ich könnte aus diesen Kehrichtmassen die Geschichte eines Stammes entwickeln. Diese schmutzstarrenden Haufen waren der Tummelplatz wohl sämtlicher innerafrikanischer Insektenarten; in Hunderttausenden umschwirrten Fliegen den Unrat. Zu dem Flug der Insekten pfiffen Weberund Sonnenvögel die Melodie, Scharen von Papageien schwatzten, Ibisse kreischten, und immer wieder mischte sich Donner darein.

Diese fürchterlich tobenden Gewitter sind nötig, um die Luft zu reinigen. Denn die Atmosphäre ist so dunstschwer, dass die Sonne zuweilen wie durch einen dichten Schleier scheint. Die Explosionskraft der elektrischen Ladung -ist schwer begreiflich zu machen. An zehn, zwölf Stellen gleichzeitig wurden die schwarzen Wolken von blendendem zuckenden Blitzen zerrissen, Stämme von unerhörter Stärke zerspellten unter der Kraft der Schläge, betäubender Donner rollte. Und dazwischen schreckten uns Signale der Eingeborenen, die auf Elfenbeinhörnern einander Nachrichten und Befehle gaben.

Wer ausziehen will, das Gruseln zu lernen, der mag es mit Gewitternächten im Urwald Innerafrikas versuchen!

5. Von Not und Tod.

Das Beitreiben von Lebensmitteln begegnete immer größeren Schwierigkeiten. Wir durchsuchten Niederlassungen, deren Einwohner selbst an Lebensmittelknappheit litten. Statt den Boden zu bebauen, waren sie mit andern Stämmen im Krieg und nährten sich von Schwämmen, Wurzeln, Schnecken und Raupen und hatten die Absicht, durch ein Gericht erschlagener Feinde etwas Abwechslung in das trostlose Einerlei zu bringen.

In andern Dörfern gelang es uns, gegen leere Konservenbüchsen und Patronenkistchen Zuckerrohr, Mais und Bananen einzutauschen. Für eine Ziege, falls sie nicht für den Häuptling gemästet wurde, mussten wir ein grellrotes Taschentuch anlegen. Bot man ein Taschenmesser, so konnte man kupfernen Hals-, Arm- und Beinschmuck als Andenken mitnehmen. Ihr Kopfschmuck freilich, die Mützen aus Affenfell mit dem herabhängenden Affenschwanz und dem Schmuck von Papageienfedern, kostete mindestens eine Axt.

Dann kamen wir aufs neue durch Urwaldstrecken, wo bittere Not herrschte. Und zu der ewigen Sorge um des Leibes Nahrung und Notdurft gesellte sich Kummer anderer Art.

Die Sansibarer waren sträflich gedankenlos und pflichtvergessen. Einer ließ aus Leichtsinn ein Kanu mit Munition, Gewehren und Tauschmitteln kentern, als wir wieder einmal am Fluß entlang marschierten und einen Teil unserer Lasten den Aruwimi tragen lassen konnten. Einige Gewehre konnten wieder aufgefischt werden, aber zwei Kisten Pulver gingen verloren. Wieviel Verluste, Schwierigkeiten und Sorgen entstanden aus der Gleichgültigkeit meiner Leute! Sorglos gingen sie ihre eigenen Wege und ließen sich von Speeren oder Pfeilen durchbohren. Bis jetzt hatte ich acht Mann verloren, die durch eigene Schuld ihr Leben hatten einbüßen müssen!

Ein Mann namens Chalfan, der Lebensmittel hatte beitreiben sollen, war durch einen hölzernen Pfeil an der Luftröhre verwundet worden. Vergnügt hatte er sich der schönen Bananen gefreut und dabei nicht beachtet, dass vor ihm ein Eingeborener auf der Lauer lag. Die Wunde war nur so groß wie ein Nadelstich, aber der Arzt stellte fest, dass der Pfeil vergiftet war.

Eines Tages hatte ich einen Mordfall zu untersuchen. Am 12. August war einer unserer Sansibarer außerhalb des Lagers durch eine Büchsenkugel getötet worden, so dass ich annehmen musste, dass irgendein rachsüchtiger Patron aus der Kolonne ihn erschossen hatte. Ich hatte zwei Mann beauftragt, mit vierzig Kundschaftern über den Bach zu setzen und zu erforschen, ob sich Gelegenheit zum Einhandeln von Lebensmitteln biete. Kaum hatte sich mein kleiner Gerichtshof zur Untersuchung versammelt und ein Zeuge gerade seine Aussage begonnen, als wir ein ungewöhnlich heftiges Gewehrfeuer vernahmen. Sofort sammelte Leutnant Stairs etwa fünfzig Mann und ging im Laufschritt nach dem Fluss, während wir die Untersuchung fortsetzten, in der Annahme, fünfzig Hinterlader würden völlig ausreichen. Da aber eine Salve nach der andern abgegeben wurde, eilten auch der Doktor, Nelson und ich mit einigen Leuten nach dem Schauplatz des Kampfes.

Die erste Person, die ich sah, war Leutnant Stairs. Sein Hemd war zerrissen, aus einer Pfeilwunde in der linken Brust, in der Herzgegend, strömte Blut. Zugleich hörte ich Klatschen auf den Blättern der Bäume, Pfeile flogen.

Nachdem ich meinen armen Freund der Pflege Dr. Parkes übergeben hatte, suchte ich mich vor allem über die Lage zu unterrichten. Um mich herum hatten sich zahlreiche meiner Leute verkrochen und- feuerten in sinnloser Weise auf ein verdächtiges Gebüsch jenseits des Baches. Es waren

Avisibba-Krieger

sicher hartnäckige Wilde dort versteckt, allein mir wollte es nicht gelingen, irgendetwas von ihnen zu Gesicht zu bekommen. Wie man mir erzählte, war plötzlich eine Schar Eingeborener erschienen und hatte ihre Pfeile auf unsere Leute abgeschossen, die, durch den heimtückischen Angriff überrascht, sich auf den Boden des Bootes geduckt und das Fahrzeug mit den Händen nach dem Landungsplatz zurückgerudert hatten. Dort waren sie in Deckung gegangen und hatten ihre Büchsen ergriffen. In diesem Augenblick war Leutnant Stairs zu ihnen gekommen und hatte den Angriff aus den Feind befohlen, der hier kühner standhielt, als wir es bisher an den Eingeborenen beobachtet hatten. Bald darauf hatte Stairs seinen Brustschuss bekommen. Außer ihm waren fünf Mann getroffen worden.

Ich hatte kaum diese Einzelheiten vernommen, als ich einen Schatten auf dem Boden zwischen Gebüschen kriechen sah. Ich zielte, und mit einem seltsamen, geisterhaften Wehrufe antwortete der Schatten: Es war ein sterbender Schwarzer.

Am 14. August setzten bei Tagesgrauen zwei Kampanien über den Bach, um den Feind zu stellen, der uns soviel Schaden zugefügt hatte. Nach wenigen Minuten hörten wir eine Salve, eine zweite . . . unaufhörliches Gewehrfeuer! Ein Beweis, dass der Feind sich nicht wollte unterkriegen lassen. Bei der ersten Kompanie befanden sich einige vorzügliche Schützen, doch war es ihnen kaum möglich, in dem dichten Gebüsch viel gegen einen schlauen Feind auszurichten, der sich im Besitze der gefährlichsten Waffen glaubte und die tödliche Kraft der Gewehrgeschosse nicht kannte. Nachdem etwa dreihundert Schüsse abgegeben waren, trat Stille ein.

Ein Leichnam aus den Reihen des Feindes wurde mir zur Untersuchung gebracht. Der Getötete war aus dem Stamm der Avisibba; er hatte langes Kopfhaar, das durch eine eiserne Krone zusammengehalten wurde; um den Hals trug er eine Reihe von kleinen eisernen Kügelchen, zwischen denen Affenzähne leuchteten. Das Stammeszeichen am Körper schien in einer doppelten Reihe von ganz kleinen Narben auf Brust und Unterleib zu bestehen. Die Zähne des Mannes waren spitz gefeilt.

Eine andere Leiche, die nach dem Landungsplatz gebracht wurde, hatte ein Halsband von Menschenzähnen, auf der Stirn eine Krone von poliertem Eisen; der Leichnam war außerdem mit blanken eisernen Armspangen geschmückt. Als Schutz des linken Armes gegen die Bogensehne hatte der Krieger ein mit Ziegenfell bedecktes Kissen aus der Wolle der Baumwollstaude getragen.

Die Wunde des Leutnants Stairs befand sich drei Zentimeter unter dem Herzen; die vergiftete Pfeilspitze war etwa vier Zentimeter tief eingedrungen. Die übrigen Leute waren an den Handgelenken und den Armen, einer auch im Rücken verwundet.

Die Eingeborenen veranschaulichten uns die tödliche Kraft ihres Pfeilgiftes durch die Bemerkung, es würden auch Elefanten und alle großen Jagdtiere damit zur Strecke gebracht. Aber trotz alledem mochten wir nicht glauben, dass so winzig kleine Wunden tödlich sein könnten. Im Interesse Stairs' und der neun verwundeten Leute hofften wir, dass die Schilderungen von der furchtbaren Wirkung des Giftes auf Übertreibung beruhten.

Die Pfeile waren gertendünn, aus dunklem Holz hergestellt und 60 Zentimeter lang, die Spitzen durch langsames Trocknen über Feuer gehörten Diese Spitzen waren scharf wie Nadeln. Nachdem man sie in die zähe, braungelbe giftige Masse getaucht hatte, wurden sie in Blätter gewickelt, bevor man sie in den Köcher steckte. Dort hatten beinahe hundert Pfeile Platz. Als wir beobachteten, mit wie viel Sorgfalt man die fein säuberlich verpackten Geschosse behandelte, wurden unsere schweren Sorgen um das Schicksal unserer Verwundeten nicht gerade in Zuversicht verkehrt.

Im Grasland (S. 53)

Das Gefecht bei Nsera Kum. (S. 61)

Der Bogen war aus zähem braunem Holz, etwa 90 Zentimeter lang. Die Sehne bestand aus-einem breiten Streifen sorgfältig geglätteten Rohrs. Um ihre Kraft zu erproben, trieb ich einen der Holzpfeile aus zwei Meter Entfernung durch Deckel und Boden einer Zinnbüchse! Ungefähr 20 Meter entfernt stand ein hoher Baum, über dessen Wipfel ich bequem hinwegschoß. Da dämmerte uns allen die Erkenntnis, dass diese kleinen Pfeile doch nicht so minderwertige Waffen seien, wie wir geglaubt hatten. Nach unsern Beobachtungen musste die Schnellkraft des kleinen Bogens ausreichen, um eine der Pfeilnadeln aus kurzer Entfernung glatt durch den menschlichen Körper zu treiben.

Die Sansibarer beharrten in ihrer Unfähigkeit, die Größe einer Gefahr zu erkennen. Die Tiere haben den Instinkt, der sie unaufhörlich an die Gefahr erinnert, aber diese Leute schienen weder Instinkt noch Vernunft, weder Verstand noch Gedächtnis zu haben. Die dringendsten Bitten, sich vor verborgenen Feinden zu hüten, und die Androhung der allerstrengsten Strafen vermochten nicht, ihnen begreiflich zu machen, wie sehr Klugheit, Wachsamkeit und Vorsicht am Platze waren, um die gefährlichen Holzsplitter auf den Pfaden, die hinter den Stämmen der Bananenstauden lauernden Kannibalen, die im Dickicht verborgenen schlauen Strauchdiebe und die versteckten Gruben mit den Fußangeln zu meiden. Auf dem Marsch schlichen sich die Unverbesserlichen abseits in den Wald, um der Aufsicht durch die Nachhut zu entgehen, flohen aber kreischend, sobald ein beherzter Wilder mit erhobenem Speer vor ihnen auftauchte. Weil das Plündern ihnen Herzenssache war, streiften sie in den Dörfern umher. Wurden sie aber von Eingeborenen überrascht, warfen sie lieber das Gewehr erschreckt von sich, statt es zu benutzen. Mit demselben Gleichmut, mit dem sie in den Bananenhainen vagabundierten, ergaben sie sich in ihr Schicksal, wenn sie plötzlich Pfeile schwirren hörten.

Von meinen 370 Leuten waren 250 dieser Art. Das Gewehr hatte für sie nur den Wert eines plumpen, schweren Knüttels, den sie gern für ein paar Maiskolben hingaben. Und mit solchen Leuten sollte ich Emin Pascha entsetzen?

Die Gewissenhaften meiner Mannschaft teilten meine Sorgen· Zuweilen schienen wir alle durch Schrecken, Elend, Krankheit und Todesfälle seelisch gelähmt zu sein. Und wenn dann die furchtbaren Regengüsse einsetzten, konnte man uns unter Strohmatten und unter allen möglichen Schutzgelegenheiten zusammengekauert sehen, unsern trüben Gedanken nachhängend.

Das Befinden des verwundeten Sansibarers Chalfan verschlimmerte sich von Tag zu Tag. Die Wunde war äußerlich nicht entzündet; doch klagte der arme Bursche, er könne nicht schlucken. Ich ließ ihm Suppen aus Bananenmehl kochen. Am achten Tage wurde sein Nacken steif, dann fiel er in Krämpfe. Vergeblich suchte ich ihm durch Einspritzungen Erleichterung zu verschaffen. Der Tod erlöste ihn von seinem Leiden.

Ein anderer Mann war in jenem Geplänkel von einem vergifteten Pfeil am Unterarm getroffen worden. Obwohl ihm ein Kamerad sofort die Wunde ausgesogen hatte, verfiel er bald in Starrkrampf und schloss die Augen für immer. Ein Dritter war an der Schulter verwundet worden; auch er musste sterben. Einem Vierten hatte ein eisenbeschlagener Pfeil die Leber zerrissen. Zwei starben an der Ruhr. Wenn nun diese Liste des Entsetzens noch nicht abgeschlossen war?

Das Stöhnen Todkranker hören, die Lebensmittelnöte fühlen, diese allgemeine Niedergeschlagenheit erleben müssen: es war schwer, dabei nicht von Verzweiflung erfasst zu werden! Am 26. August passierten wir die Mündung des Nepokoflusses, der sich in einer Reihe von Stromschnellen in den Aruwimi stürzt; dieser wird hier Ituri genannt. Die Eingeborenen hatten eine Strecke der 12 Meter hohen Felsriffe mit Pfählen versehen, um daran ihre großen Fischreusen zu befestigen. Hätte ich geahnt, was mir eine Woche später bevorstand, ich hätte den Weg den Aruwimi entlang verlassen und wäre dem Nepoko nach Nordosten gefolgt. Einer meiner Leute, ein Mangbattu, der den deutschen Forschungsreisenden Junker auf dessen Zügen in seiner afrikanischen Heimat begleitet hatte, empfahl mir dringend, lieber den Nepoko aufwärts durch Länder zu marschieren, die von „anständigen Menschen" bewohnt seien, als durch eine so entsetzliche Gegend mit Leuten, die nicht den Namen Menschen verdienten. Ich gab aber die Hoffnung nicht auf, bald in ein besseres Land zu kommen.

6. Gewissenlose Gesellen.

In ihrem entschuldbaren Übereifer, sich Fleisch zu verschaffen, waren die Sansibarer und Sudanesen unvernünftig. Sobald irgendwo ein Huhn in Sicht kam, fing ein wildes Jagen an. Unbedachte Burschen feuerten wohl ein Dutzend Schüsse ab und vergeudeten unsere kostbaren, unersetzlichen Patronen in so unsinniger Weise, dass ich wiederholt gehörige Strafen verhängen musste. Oft genug hatte ich den strengsten Befehl gegeben, mit Munition so sparsam wie nur möglich umzugehen; ich zögerte auch nicht, jeden Ungehorsam gegen diesen Befehl schwer zu ahnden. Aber hat jemals ein Sansibarer einem Befehl Gehorsam geleistet, wenn nicht sein Vorgesetzter hinter ihm stand? Sklavennaturen haben kein Gewissen, freudige Pflichterfüllung kennen sie nicht.

Unbesonnene Schießerei auf Geflügel führte zu einem bedauerlichen Zwischenfall: einer aus der Schar unserer hart und tapfer arbeitenden Pioniere wurde angeschossen. Ein Geschoß aus einem Winchestergewehr traf ihn in den Fuß, Knochen wurden zersplittert, und Dr. Parke musste sich zu dem schweren Schritt entschließen, ihm den Fuß abzunehmen.

Die Unzuverlässigkeit der Leute erfüllte mich mit schwerer Sorge. Am 3. September entwichen wieder fünf Mann und nahmen Kisten Patronen, europäischen Proviant und eine Last teurer arabischer Kleidungsstücke mit. Ein Mann wurde dabei betroffen, wie er eine Proviantkiste geöffnet und daraus Sago, Fleischextrakt und Butter entwendet hatte.

Innerhalb weniger Tage waren zehn solcher Spitzbuben fahnenflüchtig geworden. Wenn das so weiterging, würde es in zwei Monaten mit der Expedition zu Ende sein! Seit dem Abmarsch von Jambuja hatten wir 48 Gewehre und 15 Kisten Munition verloren. mussten nicht auch die Ärmsten im Geiste, die dümmsten Sklaven, begreifen, dass ich zu den schärfsten Maßnahmen gezwungen wurde, um den Diebereien und der Fahnenflucht ein Ende zu machen?

Gleich am Tage daraus waren wieder vier Mann ausgerissen. In den Händen dieser gewissenlosen Leute war nichts sicher, Kisten wurden eigenmächtig geöffnet, Glasperlen gestohlen, Stoffe geraubt. Etliche waren sogar auf den schmachvollen Gedanken gekommen, Munition am Wege zu verstecken, um sie bei einer Fahnenflucht auf dem Rückweg an sich nehmen zu können.

Ich sah mir meine Leute noch einmal auf ihre Zuverlässigkeit hin genau an. Für die Treue von etwa sechzig Mann glaubten, die Führer nicht einstehen zu können. Ich entschloss mich, diese unsicheren Kantonisten dadurch völlig hilflos zu machen, dass ich die wichtigste Feder ihrer Gewehre herausnahm und persönlich aufbewahrte.

Flucht eines angeschossenen Elefanten.

Aber auch die andern wollten den Wert unserer Munition durchaus nicht begreifen lernen. Als wir einem Elefanten begegneten, der gerade dabei war, im Fluß ein kühles Bad zu nehmen, hub eine wüste Schießerei fleischlüsterner Gesellen an. Der Hagel von Geschossen aus unsern kleinen Expressbüchsen konnte natürlich keinen andern Erfolg haben, als den armen Dickhäuter zwecklos zu verwunden.

Noch eine seltsame Fahnenflucht musste ich in meinem Tagebuch ver-
zeichnen: ein Esel, ein leibhaftiger vierbeiniger Esel war uns abtrünnig geworden. Von den sechs Eseln, die wir in Sansibar an Bord genommen hatten, waren nur noch drei am Leben, und einer dieser drei schien es sich in
den Kopf gesetzt zu haben, lieber umzukehren, als in das Ungewiss des Urwalds weiterzumarschieren. Er war davongelaufen, niemand wusste wohin.
Sollten wir nach ihm suchen? Sich in diesem Urwalddüster um verlorene
Leute oder Esel zu bemühen, war ganz zwecklos. Wie die vom Bug des
Schiffs zerteilten Fluten hinter dem Heck wieder· zusammenschlagen, so
schloß sich hinter uns der Wald. Was vom Wege abirrt, umhüllt er auf ewig
mit seinem Schatten. Der Urwald gibt nichts wieder heraus, was in seine
dunkelgrünen Wellen untergetaucht ist.

* * *

Eines Tages im September besuchte mich der Araberhäuptling Ugarrowa
mit einem Stab von etwa fünfzig Männern und Frauen. Ich unterhielt mich
mit ihm über meine Pläne; wir schlossen Freundschaft, und er versprach,
mich zu unterstützen, soweit es irgendwie in seinen Kräften stände. Wie
wichtig es war, in dieser Wildnis einen Gönner zu haben, mag man an dem
folgenden Zwischenfall ermessen.

Als ich ein paar Tage später mit meinen Leuten im Lager versammelt
war, erschienen in der Dämmerung Leute Ugarrowas im Kanu; sie führten
drei gefesselte Sansibarer mit. Die Burschen waren vor einigen Tagen fahnenflüchtig geworden und unglücklicherweise in das Dorf dieser Araber geraten. Bei diesen drei ehrlosen Gesellen fanden wir Patronen, die sie uns unter erschwerenden Umständen entwendet hatten. Da fast täglich Munitions-
kisten verloren gingen, aber alle Mittel zur Unterdrückung der Räubereien
versagten, hatte ich je acht Kisten zusammenbinden lassen und sie der
strengsten Aufsicht verantwortlicher Führer unterstellt. Trotz alledem war es
den dreien gelungen, die Kisten zu erbrechen.

Als Dank für seine treuen Dienste ließ ich Ugarrawa einen Revolver mit
zweihundert Patronen überbringen.

Die Gefangenen wurden für die Nacht sicher untergebracht. Ehe ich
mich zur Ruhe begab, ging ich mit mir zu Rate, was mit den Leuten zu geschehen habe. Ergriffen wir gegen solche Missetäter nicht die allerstrengsten Maßnahmen, so würden wir binnen kurzer Zeit gezwungen sein, den
Rückweg anzutreten. Wären dann nicht alle unsere Kämpfe und alle Men-
schenopfer umsonst gewesen?

Am nächsten Morgen ließ ich alle Mann antreten und legte ihnen kurz
den Sachverhalt dar. Als ich bemerkte, dass wir uns alle bis an die Grenze
unserer Kraft bemüht hätten, unsere Pflicht zu tun, dass diese drei Burschen
aber, diese elenden Sklavennaturen, unsere Erfolge freventlich leichtfertig
aufs Spiel gesetzt hätten, stimmten alle meinen scharfen Worten zu. Sie

pflichteten mir bei: wenn Eingeborene den Versuch machten, unsere Gewehre, „unsere Seelen", zu stehlen, so würden wir keinen Augenblick zögern, sie niederzuschießen.

„Nun denn," sagte ich, „ist es nicht unendlich verwerflicher, wenn uns unsere eigenen Leute unsere Gewehre stehlen? Ihr habt sie also bereits zum Tode verurteilt. Einer soll heute, der andere morgen, der dritte am nächsten Tage sterben. Und von heute an wird jeder Dieb und jeder Fahnenflüchtige, der das Leben seiner Kameraden freventlich gefährdet, mit dem Tode bestraft werden."

Es wurde gelost: wer den kürzesten von drei Papierstreifen zog, sollte zuerst sterben. Über einen starken Baumast wurde ein Tau geworfen, und auf Befehl ergriffen vierzig Mann das Ende des Taus, während dem Gefangenen, der den kürzesten Streifen gezogen hatte, die Schlinge um den Hals gelegt wurde.

„Hast du noch etwas zu sagen, ehe ich den Befehl zu deinem Tode gebe?"

Er beantwortete meine Frage mit Kopfschütteln.

Dann erscholl das Signal. Der Mann wurde in die Höhe gezogen, und ehe sein letzter Seufzer verröchelt war, marschierten wir schon aus dem Lager. Nur die Nachhut und die Fußkolonne blieben zurück. Sie ersetzten das Tau durch einen Strick und befestigten den Leichnam als beredtes Warnungszeichen an den Baum.

Als der nächste Tag graute, ließ ich durch einen Jungen meinen Oberführer Raschid holen.

„Nun, Raschid, wir werden gleich den zweiten Mann hinzurichten haben. Es wird Zeit, die Vorbereitungen zu treffen."

„Leider. Was bleibt uns aber anders zu tun übrig, als diejenigen, die unser Leben bedrohen, zu töten? Wenn wir — ein Beispiel —- den Leuten eine mit zugespitztem vergifteten Pfählen und Splittern gespickte Grube zeigen und ihnen sagen, sie sollen sich davor hüten, dann kann man uns gewiß nicht die Schuld geben, wenn die Leute taub sind und trotz unserer Warnung hineinspringen. Mögen sie sich selbst die Schuld beimessen!"

„Aber es ist trotzdem sehr hart, sie zu töten!", sagte ich. „Denn bedenke, Raschid, dieser Wald macht das Herz des Menschen zu Blei, und der Hunger bringt manchen um seinen Verstand; man denkt an nichts als an den knurrenden Magen . . . ich habe gehört, dass Mütter in der Wildnis schon oft, von Hunger gepeinigt, ihre eigenen Kinder verzehrt haben —- sollen wir uns da · wundern, wenn der Diener seinem Herrn davonläuft, sobald dieser ihn nicht mehr zu ernähren vermag?"

„Du hast wohl recht, Herr, aber diese Räuber sind verbrecherische Sklavenseelen. Sie spielen mit unserm Leben, laßt sie umkommen und vermodern! Sie wissen, dass Ihr als Christ alles dies nur unternehmt, um die Söhne des Islam zu retten, die fern von hier in der Nähe eines großen Sees in Schwierigkeiten geraten sind. Sie bekennen sich zum Islam, und doch wollen sie einen selbstlosen Christen im Busch verlassen? Lasst sie sterben!"

„Aber angenommen, Raschid, wir könnten die Fahnenflucht und die Räuberei auf eine mildere Weise ahnden und sie dennoch verhindern?"

„Ich möchte sagen, dass jedes Mittel gut ist, das uns den gewünschten Erfolg bringen würde. Das beste Mittel allerdings wäre ein unblutiges; du hast wohl recht."

„Gut denn," sagte ich, „sobald wir Kaffee getrunken haben, soll das Signal zum Antreten gegeben werden. Bereite inzwischen ein langes Tau vor und wirf es über einen starken Ast! Halte den Gefangenen bereit, laß ihn von den Posten bewachen, und wenn du das Trompetensignal hörst, dann flüstere den Männern unserer Truppe zu: Bittet um Gnade für ihn! — Bist du damit einverstanden, Raschid?"

„Möge geschehen, wie Ihr sagt!"

Nach einiger Zeit ertönte das Signal zum Antreten; die Kompanie bildete einen Kreis um den Gefangenen.· An einem Ast hing das lange Tau mit der toddrahenden Schlinge, das andere Ende schleifte aus dem Boden wie eine ungeheure Schlange.

Nachdem ich eine kurze Ansprache gehalten hatte, trat ein Mann vor und legte dem Verurteilten die Schlinge um den Hals. Die Kompanie stand bereit, ihn in die Höhe zu ziehen.

„Nun, Mann, hast du noch etwas zu sagen?"

Der Mann blieb stumm.

Ich wandte mich an die Mannschaft:

„Habt ihr noch etwas zu bemerken, ehe ich den Befehl gebe?"

Auf ein Zeichen Raschids stürzten sämtliche Leute mir zu Füßen und baten um Gnade für ihren Kameraden. Mit scharfen Worten verwarfen sie das Verhalten des Verurteilten, gelobten aber, dass ein solcher Fall in Zukunft sich nicht wieder zutragen werde. Ich solle nur noch diesmal Gnade walten lassen.

Es war spannend, die Gesichtszüge der Sansibarer während dieser Szene. zu beobachten: wie ihre Pupillen sich erweiterten, die Lippen sich zusammenpreßten, die Glieder schlotterten.

„Gut! Nehmt den Mann, Kameraden, sein Leben gehört euch! Aber hütet euch: für den, der uns ein Gewehr stiehlt, gibt es in Zukunft nur eine Strafe, und das ist der Tod durch den Strang!"

Da erscholl lauter Freudenjubel, wie ich ihn kaum je gehört hatte. Manchem Mann rannen Tränen über die Wangen. Sie warfen ihre weißen Mützen und Turbane in die Luft, hielten die Gewehre hoch und riefen:

„Die weiße Mütze soll uns zieren bis ins Grab! Tod dem, der Bula Matari verlässt! Wir bleiben dir treu! Zeig uns den Weg nach dem Njansa! Führe uns zu Emin!"

Den Beinamen „Bula Matari", Felsenbrecher hatten mir die Eingeborenen beigelegt.

Nachdem der Gefangene aus der Schlinge befreit war, schwur er unter Tränen, an meiner Seite kämpfen und sterben zu wollen. Die Trompeten erklangen, und alle riefen:

„Mit Gottes Hilfe vorwärts!"

Die für diesen Tag zum Tragen befohlenen Truppen eilten auf ihre Posten, empfingen ihre schweren Lasten und marschierten voller Freude in den Wald, als ginge es zu einem Fest. Noch niemals hat es wohl im innerafrikanischen Urwald eine so große Zahl hochgestimmter, froher Herzen gegeben wie heute.

Und was geschah nach diesem feierlichen Gelöbnis?

Bereits am nächsten Tag verschwanden wieder sechs Mann und nahmen wertvolle Stücke unserer Ausrüstung mit.

Was sollte ich tun, wenn ich dieser gewissenlosen Burschen habhaft würde? Was sollte ich tun, nachdem offenbar geworden war, dass bei diesen ehrlosen Gesellen weder durch Güte noch durch Strenge etwas zu erreichen war?

Gegen Gewissenlosigkeit gibt es kein Mittel. Wer die Schande der Untreue und Pflichtvergessenheit nicht selbst in seinem Innern fühlt, dem kann das Wesen der Pflicht nie und nimmer in die Seele gehämmert werden!

7. Durch Hunger zur Verzweiflung.

Die Hälfte des Weges bis zu Emin-Pascha hatten wir glücklich hinter uns. Wenn ich das aber den Leuten sagte, antworteten sie mit ungläubigem Murren, denn sie befanden sich in einem jammervollen Zustand. Blutarmut hatte ihren Lebensmut gebrochen, Geschwüre zehrten am Leib der Darbenden. Die Mannschaften waren vom Hunger dermaßen geschwächt, dass ein Teil nur- noch kriechen konnte. Meine Tageskost bestand oft genug aus nichts anderem als aus zwei Bananen. Da einige Sansibarer in den letzten Tagen überhaupt nichts zu essen gefunden hatten und wir unsere karge Nahrung noch teilen mussten, verfielen unsere Kräfte zusehends.

Eine Abteilung der ersten Kompanie, die über den Fluss gesetzt war, fand eine kleine Menge dürftiger Bananen. Sie nahm bei dieser Streife eine verdächtige Frau gefangen, die behauptete, Bananenstauden zu wissen, mit Früchten von der Stärke eines Armes.

Ich befahl dem wiedergenesenen Leutnant Stairs, mit 180 Mann der Frau in das Bananenparadies zu folgen.

Sie waren einem aufgeregten Elefanten nur mit Mühe entgangen, kehrten aber mit köstlichen Bananenschätzen zurück, so dass jeder Mann der Expedition 60 bis 80 Früchte erhalten konnte. Hätten die Leute unsere Mahnung zu sparsamer Einteilung befolgt, so würden sie für die nächsten sechs, acht Tage versorgt gewesen sein. Aber was taten die törichten Gesellen? Etliche konnten ihren Appetit nicht bezwingen und blieben die ganze Nacht aus, um in einem fort zu essen, bis auch die letzte Frucht verzehrt war! Sie waren der Meinung, Gott werde ihnen aus ihr dringendes Flehen hin schon neue Nahrung schicken.

Nun war wieder Schmalhans Küchenmeister. Am 30. September freilich, als Stairs in einer Fanggrube eine lebendige Antilope gefunden und ich in der Reuse eines Fischers frische Fische entdeckt hatte, da gab es einmal ein wahres Festmahl! Aber diesem Gelage folgte furchtbare Hungersnot. Der Hunger zermürbte uns mehr und mehr, und wenn nicht bald Hilfe kam, wurde unsere letzte Willenskraft gelähmt und wir kamen der Verzweiflung nahe.

Ich musste einen Entschluss fassen, der mich harte Seelenkämpfe kostete: ich musste, um vorwärtszukommen einen Teil meiner Expedition in der grausigen Wildnis zurücklassen. An dieser Stelle des Flusses war das Ende der Kanuschifffahrt erreicht. Die Höhen stiegen bis zu 200 Meter über dem Fluss an, der Ituri stürzte über hohe Stromschnellen herab, und aus einer wilden Schlucht rasten die Gewässer des Ituri heraus. Um nicht sämtliche Leute des Hungertodes sterben zu lassen, bat ich alle Kranken und Verwundeten, so lange hier zurückzubleiben, bis wir ihnen aus einem fruchtbareren Gebiete Hilfe und Nahrungsmittel schicken würden. 52 Mann, 81 Lasten und 10 Kanus unterstellte ich Kapitän Nelson. Ich bat Führer und Mannschaft, guten Mutes auszuharren, schulterte mit den noch einigermaßen marschfähigen Leuten das Stahlboot und die Lasten und marschierte ostwärts in den Busch.

Man hätte für die in Nelsons Lager Zurückbleibenden keine düsterere Lagerstätte wählen können als diesen Kessel. Er war rings von Felsen umschlossen, von dichtem Urwald eingeengt und von dem unaufhörlichen Brausen durchtobt, das der kochende, wirbelnde Strom und zwei sich gegenseitig an Getöse überbietende Wasserfälle verursachten. Die Phantasie schaudert bei dem Gedanken an die hilflose Lage der Kranken und Gelähmten, die verdammt waren, untätig zu sein, und die fortwährend das entsetzliche Lärmen der erzürnten in unversöhnlicher Wut dahinstürmenden Gewässer und den eintönig anhaltenden Donner des zu weißen Schaummassen zerrissenen Wassers hören mussten.

Und diese Nächte! Diese Urwaldnächte mit ihren tiefschwarzen Schatten, denen die krankhaft überreizte Phantasie Gestalt und Leben gab, so dass sie zu Gespenstern wurden — —- man muss sich nur die Lage in dieser Weltabgeschiedenheit, im unaufhörlichen Getöse der Katarakte, in nächtlichen Gewitterstürmen vergegenwärtigen!

Und wir, die wir uns an den waldigen, zerklüfteten Hängen emporarbeiteten, um den Kamm des Hochlandes zu erreichen und ins Ungewisse vorzudringen? Belastet von doppelter Verantwortung für die mit uns marschierenden braven Burschen und für die nicht minder mutigen und vertrauenden Leute, die wir in der schrecklichen Schlucht zurücklassen mussten. Wenn ich die Mannschaften betrachtete, wie sie sich ermattet weiterschleppten, kam mir oft der Gedanke, dass in wenigen Stunden unser Schicksal besiegelt sein müsse. Mit flirrenden Augen durchsuchten sie das wilde Dickicht nach den roten Beeren des Phrynium, nach den länglichen Früchten des Amomum! Sie stierten nach den Schwämmen und griffen nach den faden Waldbohnen! Sie kauten an Bäumestängeln und suchten wilde Kräuter, um sich Suppen zu kochen, die jeder Bettelmann verschmähen würde.

Am 7. Oktober, beim Morgendämmern, traten wir im Leichenträgerschritt den Marsch durch die pfadlose Landschaft auf dem·Kamm des Waldhochlandes an. Wir erreichten eine Siedlung,

die vermutlich schon ein halbes Jahr vor unserer Ankunft von den Eingeborenen verlassen worden war. Als wir am Abend dort unsere Zelte aufgeschlagen hatten, wurde ich durch das Schreien mehrerer aufgeregter Gruppen erschreckt. Was war geschehen? Man hatte in einer Hütte einen Leichnam entdeckt, der ganz mit Schimmel überzogen war! Gleich darauf wurde noch eine zweite, eine dritte Leiche gefunden. So rasch wie nur möglich packten wir unsere Siebensachen zusammen und verließen diese Gruselstätte der Seuche und des Todes.

Hinein in den pfadlosen Urwald ging's. Der Hunger half uns Weg und Steg finden. Mit der Tollkühnheit Verzweifelnder schritten wir ostwärts.

Wir entdeckten eine uns bisher unbekannte Waldbohne; sie war ungefähr viermal so groß wie die Gartenbohne und saß in einer braunen, lederartigen Schote. Zunächst hatten wir uns damit begnügt, sie abzuschälen und zu kochen. Sie schmeckte fade und verursachte Magenschmerzen. Dann sahen wir, wie ein altes Negerweib die Bohnen wie Muskatnüsse rieb und Pasteten daraus herstellte. Wir säumten nicht, sofort diese Küchenkünste nachzuahmen. Die Pasteten waren von der Schmackhaftigkeit eines Gerichtes bitterer Eicheln, aber — sie füllten den Magen!

Am nächsten Morgen hatte ich meine letzte eiserne Ration, meine letzten Maiskörner, verzehrt. Womit sollte ich fortan die fürchterlichen Schmerzen meines Magens stillen?

Vor Stolz strahlend brachte mir ein Sansibarer ein Dutzend Früchte von der Größe der Pfirsiche; sie lockten sehr durch angenehmen Fruchtgeruch. Er behauptete, sie seien von ausgezeichnetem Wohlgeschmack. Ich bereitete mir eine Mahlzeit, und schon nach einer Stunde wurde ich von so heftigem Unwohlsein befallen, dass ich gezwungen war, mein Bett aufzusuchen. Es war mir, als würden meine Schläfen von einem eisernen Reisen zusammengepresst. Meine Augen schmerzten. Mein Diener litt noch schwerer als ich, ein Zeichen, dass er sich an den süß riechenden Früchten, die mir gehörten, gütlicher getan hatte als ich selbst.

Allmählich besserte sich unser Befinden, und ich konnte mich wieder der Schicksalsfrage widmen: Wie verschaffe ich den hungernden Leuten Nahrung?

Meine Kundschafter entdeckten an einer Insel ein Kanu. Barg es gar etwas Essbares? Wer es ans Ufer holte, sollte zwanzig Dollar als Belohnung erhalten!

Drei Leute wollten es wagen. Sie wählten sich für ihr Abenteuer eine Stromschnelle aus, auf deren Klippen sie Fuß fassen konnten. In der Dunkelheit kehrten zwei von ihnen mit der Trauerbotschaft zurück, dass der dritte versucht habe, mit dem Gewehr auf dem Rücken hinüberzuschwimmen; dabei sei er von der starken Strömung in einen Wirbel gerissen worden und ertrunken. Er war einer meiner tüchtigsten, bravsten Bootsleute.

Überall verfolgte uns das Unglück. Kräftige Leute wurden nach wie vor fahnenflüchtig, die Zahl der Gewehre nahm rasch ab, die Munition wurde gestohlen. Ferusi Ali, der beste Mann als Matrose, Soldat und Träger, gut und treu, lag an einer Kopfwunde darnieder, die ihm ein Wilder mit dem Messer geschlagen hatte. Sein Zustand war hoffnungslos.

Gegen Abend erschien einer unserer Kundschafter und brachte mir ein Säcklein Mais. Ein paar Tassen Mais . . . das bedeutete nur einen geringen Aufschub des Todes!

Meine Leute waren in einem so verzweifelten, völlig erschöpften Zustand, dass ich nicht das Herz hatte, das Boot für den Weitermarsch auseinandernehmen zu lassen. Wären auch alle Schätze der Welt zu gewinnen gewesen, sie hätten nicht mehr die Kraft gehabt, nach diesen Schätzen zu greifen.

Ich setzte den Leuten die Lage ganz ungeschminkt auseinander.

„Seht, Leute, wir brachen mit 389 Mann und 237 Lasten von Jambuja auf, wir hatten außerdem noch 80 Reserveträger bei uns, um für alle Fälle gerüstet zu sein. 71 Mann sind inzwischen gestorben, verschollen, desertiert. Unter euch sind nur noch 150 Mann, die imstande wären, etwas zu tragen, wir können also das Boot nicht weiter mitnehmen. Wir wollen es hier versenken und rasch vorwärtsdringen, um uns und vor allem auch die fünfzig, die bei Kapitän Nelson in jener Schlucht zurückgeblieben sind, mit Lebensmitteln zu versorgen.

Ein paar tapfere Männer waren bereit, bei dem Boote zu bleiben, während wir uns weiter durch den unwegsamen Wald hindurchschlugen. Wir erkletterten steile Hänge und bahnten uns durch die ineinander verwobenen Schlinggewächse einen Pfad.

Es war ein unsäglich trauriger Anblick, so viele Männer blindlings durch den endlosen Wald sich hindurcharbeiten zu sehen, einem Weißen folgend, an den sie nicht mehr fest glaubten. Wer sollte auch in dieser Hölle des Hungers noch an die Erreichung eines stolzen Zieles glauben?

Wir drängten weiter und immer weiter vor, traten stumpfsinnig die Pflanzen nieder, suchten Raupen, Schnecken, Käfer, weiße Ameisen und verzehrten sie.

Das Befinden meines armen Esels, den ich aus Sansibar mitgebracht hatte, ließ vermuten, dass es mit ihm zu Ende gehe. Ich hatte ihm seit Monaten keine geeignete Nahrung geben können. Um seinem kümmerlichen Hinfristen ein Ziel zu setzen, erschoss ich ihn. Das Fleisch wurde so sorgfältig geteilt, als handle es sich um das kostbarste Wildbret. Obwohl ich mich bemüht hatte, in der denkbar gerechtesten Weise zu verteilen, entstand unter der Menge der Halbverhungerten eine wüste Prügelei. Die Knochen des Tieres wurden zermahlen, die Hufe stundenlang gekocht, und von meinem treuen Tiere blieb nichts übrig als das Fell. Eine Schar Hyänen hätte mit diesem Grauschimmel nicht gründlicher aufräumen können! Alle Tugenden, die den Menschen vor andern Geschöpfen auszeichnen, hatte der Hunger dermaßen ertötet, dass meine Leute die Wildheit der Raubtiere angenommen hatten.

Wir waren allesamt zu Skeletten abgemagert. Es ist an sich eine Qual, marschieren zu müssen, wenn der Magen vor Hunger sich zusammenkrampft. Aber noch schlimmer ist es, unter solchen Umständen 30 Kilo Lasten zu tragen. Nur fünfzig Mann waren noch in einigermaßen feldmarschmäßigem Zustand, die übrigen waren Skelette, mit aschgrauer Haut überzogen, matt und erschöpft, mit allen Zeichen tiefsten Elends behaftet. Die Mehrzahl der Leute konnte nur noch dahinkriechen, ächzen, seufzen, Tränen der Verzweiflung weinen.

Meine Offiziere waren zuweilen stundenlang damit beschäftigt, phantastische Speisekarten zu entwerfen und etwas von Rinderbraten und Kalbsschnitzel und Zervelatwurst zu murmeln. Einer aus der europäischen Mannschaft saß vor einem Gericht Bananenstängel mit Schnecken und redete dabei von Hammelrippchen und Schokoladenpudding —— ein furchtbares

Anzeichen, dass der Hunger anfing, den Geist zu verwirren und die Mühseligen und Beladenen bis zum Wahnsinn zu foltern.

8. Eine Oase in der Urwaldwüste.

Uns winkte Erlösung aus Todesqual. Beim Weitermarsch kamen wir an einen Pfad, der stark begangen schien. Mit jedem Kilometer wuchs unsere Zuversicht, dass wir uns einer volkreichen Niederlassung näherten. Hier und dort waren die Äste der Bäume gekappt. Zum Binden verwendete Ranken lagen auf dem Weg, auch Kopfpolster fanden wir, die in der Eile von den Trägern fortgeworfenen worden waren.

Der größte Teil des Morgens verging mit dem Überschreiten von etwa einem Dutzend träge fließender Wasserzüge, die hier und dort breite, widerliche Moräste bildeten. Bei einem solchen Übergang wurde unsere Kolonne wieder einmal von Wespen angegriffen. Sie zerstachen einen Mann derart, dass er hochgradiges Fieber bekam. Sein abgemagerter Körper war dem nicht mehr gewachsen, der pflichtgetreue Mann starb ein paar Tage darauf.

In der Nacht schickte der Sturm Regenfluten herab, er wurde zum Orkan, und es schien, als wolle er den Urwald entwurzeln und forttragen. Aber die Furcht vor dem Hungertod trieb uns vorwärts.

Nach etwa anderthalb Stunden standen wir am Saum einer Waldblöße, der Nebel war aber so dicht, dass wir in einer Entfernung von mehr als 60 Metern nicht das geringste erkennen konnten. Als wir eine Weile Rast machten, um über den Weitermarsch zu beraten, hörten wir helle Stimmen, die in einer Sprache redeten, die keinem von uns bekannt war. Wir vernahmen fröhliches Rufen und einen anscheinend mit Humor geführten Streit. Rasch feuerte ich aus meinem Winchestergewehr ein paar Freudenschüsse ab. Gewehre antworteten. Sobald die Schüsse verhallt waren, gab meine Karawane durch lang anhaltende Hurras ihrer Freude Ausdruck, und das freudige Stimmengewirr drüben wurde immer lebhafter.

Während wir am Abhang der Lichtung talwärts schritten, sahen wir auf der gegenüberliegenden Berglehne Scharen von Männern und Frauen herabkommen, die uns mit freundlichen Zurufen begrüßten. Es war kein Zweifel mehr, wir hatten die lang gesuchten Manjema vor uns, eine Schar von eingeborenen Elfenbein- und Sklavenjägern, die unter Führung von Arabern standen. Sie sind in Inner- und Ostafrika sehr gefürchtet, stehen aber auf einer höheren Stufe der Zivilisation als die Eingeborenen des Aruwimi. Zur Rechten wie zur Linken bemerkten wir Felder, auf denen Mais, Reis, Kartoffeln und Bohnen gediehen. Bald vernahmen wir die uns wohlbekannten Laute des arabischen Grußes und die gastfreundlichsten Einladungen. Dann durften wir diesen stämmigen, munteren Burschen die Hand drücken, die-

Der erste Blick auf den Albertsee. (S. 64)

Zwergendorf im Urwald. (S. 80)

sen lustigen, verwegenen Gesellen, die sich in der Wildnis ihres Lebens zu freuen schienen, als sei der Urwald ihre Heimat.

Nachdem die mit Vorderladergewehren und Karabinern bewaffneten Sklaven der Manjema auf ihre Weise die Freundschaftsbezeigungen ihrer

Herren wiederholt hatten, führten uns Scharen von Männern und Kindern durch die üppigen Getreidefelder den jenseitigen Hang hinauf.

Bei der Ankunft im Dorfe wurden wir eingeladen, uns in den schattigen Veranden niederzulassen. Wir mussten tausend Glückwünsche entgegennehmen, und es gab des Fragens und Erzählens kein Ende. Als die Karawane an mir vorüberzog, um die ihr angewiesenen Quartiere aufzusuchen sprachen meine Gastfreunde lange, innige Gebete, durch die sie Gott für unsere wunderbare Rettung aus Wildnis und Urwaldnacht dankten. Aus vollem Herzen, aus tiefster Seele stimmten alle Glieder meiner Karawane in die Gebete dieser schlichten Dankesfeier ein.

Die Manjema erzählten uns: Vor ein paar Monaten hätten bewaffnete Banden von Elfenbeinjägern das Gebiet des Arumimi heimgesucht; sie seien mit den Eingefrorenen in Streit geraten und hätten wie wilde Tiere gehaust. In gewissen Gegenden hätten sie jede Niederlassung, selbst die kümmerlichste Hütte, in Asche gelegt; ihre Zerstörungswut habe nicht einmal vor den Bananenhainen haltgemacht! Auf die kleinsten Inseln, in die verborgensten Schlupfwinkel seien sie vorgedrungen, getrieben von der Gier, so viel Männer zu töten und so viel Weiber gefangenzunehmen, wie Grausamkeit und List es möglich machten.

Nun konnten wir uns manches Bild des Grauens erklären, das wir bei unserm Marsch durch den großen Wald hatten sehen müssen. Was diese Wüteriche unversehrt gelassen oder nur teilweise zerstört hatten, das war in diesen plötzlich entvölkerten Gebieten von Schimpansen und Elefanten noch vollends vernichtet, zertreten, zermalmt worden. Aus den Schutthaufen zwischen den Trümmern der menschlichen Behausungen waren mit der Schnelligkeit der Pilze großblättrige Pflanzen aufgeschossen, Dornsträucher und allerhand Gestrüpp, das einst die Eingeborenen mit Messern Und Äxten mühsam gerodet hatten.

Von Monat zu Monat wurde dieses Gestrüpp kräftiger, und nur wenige Jahre brauchten ins Land zu gehen, dann war durch diese Wucherstauden die letzte Spur ehemaliger Wohnplätze verdeckt.

Als wir in der Station Ipoto, beim Araberhäuptling Kilonga-Longa, zum ersten Male wieder vor wohlgefüllten Schüsseln saßen, erschien es uns als unsere erste, ganz selbstverständliche Pflicht, eine Entsatztruppe zusammenzustellen, die versuchen musste, unverzüglich Lebensmittel nach dem Tal des Schreckens zu bringen, wo unter Nelsons Obhut die Schwachen und Kranken, die Hungernden und Verzweifelnden von Minute zu Minute hofften, dass wir ihnen Nahrungsmittel schicken würden.

Zunächst waren aber meine Leute beim besten Willen außerstande, den Rückmarsch anzutreten. Wir hatten reichlich Reis und geschmortes Ziegenfleisch gegessen und begannen, unter allerhand Beschwerden zu leiden. Die Kauwerkzeuge hatten ihre Arbeit verlernt. Der Magen schien mit Leckerbissen nichts anfangen zu können, die Verdauungsorgane waren in Unordnung geraten. Erst hatte uns die Natur den Hunger beschert, jetzt bereitete uns die Natur ein Fest und beraubte uns jeglichen Appetits.

* * *

Bei näherem Zusehen entpuppten sich die Manjema auch hier als eine richtige Räuberbande. Ihre hundert Ziegen hatten sie sämtlich den Eingeborenen gestohlen; in ihren Speicherhütten waren ungeheure Mengen Reis gelagert, den sie ringsum in den Siedlungen geraubt hatten.

Unser gutes Einvernehmen verkehrte sich schon nach wenigen Tagen in eine gewisse Entfremdung. Wir ahnten bald, weshalb uns die Manjema so überaus herzlich empfangen hatten: sie vermuteten, dass die Traglasten unserer Karawane allerhand begehrenswerte Dinge enthielten, die sie uns vielleicht ablisten könnten! Leider aber waren unsere bunten Perlen, die zum Ankauf ihres gesamten Maisvorrats genügt haben würden, beim Kentern eines Kanus verloren gegangen, und die goldgestickten arabischen Burnusse, die auf die Manjema natürlich eine ganz besondere Anziehungskraft ausgeübt hätten, waren uns unterhalb der Siedlung Ugarrowas von Deserteuren gestohlen worden.

Da unsere schlauen Wirte weder Perlen noch kostbare Stoffe erhalten konnten, veranlassten sie unsere Mannschaften, nach und nach ihre Gürtel, Überkleider, Westen, Messer, Turbane und Hemden zu verkaufen. Dass sich die Leute von ihrem persönlichen Eigentum trennten, dagegen war nichts einzuwenden. Aber viele genusssüchtige Burschen verkauften jetzt auch Munitionstaschen, Haumesser, Ladestöcke, ja sogar ihre Remingtongewehre, um sich leibliche Genüsse zu verschaffen! Nachdem wir also der furchtbaren Leiden der Hungersnot enthoben und mancherlei Gefahren des Urwaldes entronnen waren, drohte uns das nicht minder furchtbare Schicksal, Sklaven dieser arabischen Sklaven zu werden.

Ich erbat einen Vorschuss an Lebensmitteln und versprach, den dreifachen Preis zu zahlen, wenn erst die Nachhut Nelsons mit ihren Tauschwaren zur Stelle wäre. Aber die Araber gingen auf das Geschäft nicht ein, zumal sie bezweifelten, dass wir überhaupt Stoffe und Perlen besäßen. Sie schienen zu glauben, wir hätten den ganzen weiten Weg nur in der Absicht gemacht, sie zu bekriegen.

Abermals verschwanden drei Gewehre! Hatten uns die Manjema tatsächlich im Verdacht, dass wir Arges gegen sie im Schilde führten, so war es gewiss die sicherste und schlaueste Politik, insgeheim unsere Waffen anzukaufen und uns wehrlos zu machen!

Am 21. Oktober wurden wieder sechs Gewehre verkauft. Wenn es in dieser Weise fortging, würde die Expedition binnen kurzer Frist Schiffbruch gelitten haben. Ohne Waffen blieb uns nichts übrig, als uns schließlich dem Willen des Häuptlings bedingungslos zu unterwerfen.

Ich entschloss mich, dieses Schicksal unter allen Umständen von uns abzuwenden. Ich ließ meine Truppen antreten und verurteilte fünf Mann, die ihre Waffen nicht mehr besaßen, zu je fünfundzwanzig Peitschenhieben und zur Fesselung. In Maisfeldern verborgen wurde ein Mann aufgefunden, der zwei Gewehre gestohlen und für Mais an die Manjema verkauft hatte. Er wurde zur Todesstrafe verurteilt, die sofort durch Hängen vollzogen wurde. Meine Strenge war gerechtfertigt. Denn es stellte sich heraus, dass bereits elf Gewehre und dreitausend Patronen an die Manjema verkauft worden waren.

Ich forderte von den Arabern eindringlich die Gewehre zurück. Als Beweis, dass es mir außerordentlich ernst war, brauchten sie ja nur die am Baum hängende Leiche anzuschauen. Wenn wir schon in unsern eigenen Reihen vor so strengen, scheinbar grausamen Maßnahmen nicht zurückschreckten, dann musste in ihnen die Erkenntnis aufdämmern, dass wir bereit seien, auch an denen Vergeltung zu üben, die im letzten Grunde am Tode dieses Sansibarers schuld waren und die erbärmliche Rolle von Heuchlern gespielt hatten.

Nach etwa einer Stunde brachten sie mir fünf Gewehre und, nannten auch die Verkäufer. Ich erwog einen Augenblick, ob ich nicht die Annahme der fünf Gewehre verweigern sollte, bis mir alle übrigen wieder zugestellt würden. Aber ich wollte die Dinge nicht auf die Spitze treiben, zumal in meiner Truppe keine fünfzig Mann waren, auf die ich mich unter allen Umständen verlassen konnte.

Ich versuchte es in Güte. Wir brauchten Frieden, um unsere beiden Ziele zu erreichen: Nelsons Nachhut zu erretten und Emin Hilfe zu bringen. Es gelang mir, nach langem Hinundher die Häuptlinge der Manjema vertraglich zu Folgendem zu verpflichten:

1. An Kapitän Nelson sind 400 Kolben Mais zu senden.

2. Kapitän Nelson und Dr. Parke, sowie die ihrer Obhut anvertrauten Kranken sind bis zu unserer Rückkehr vom Albertsee, wo wir mit Emin zusammenzutreffen gedenken, mit Lebensmitteln zu versorgen.

3. Bis Ibwiri ist uns ein Führer mitzugeben. Unsere Nachhut zahlt dafür anderthalb Ballen Stoff.

Dieser Vertrag wurde von einem Manjemahäuptling in arabischer, von mir in englischer Sprache ausgesetzt und von drei Leuten als Zeugen unterschrieben.

Für einen kleinen Spiegel mit Elfenbeinrahmen gelang es mir Mais zu kaufen, für drei Fläschchen Rosenessenz erwarb ich etliche Hühner, so dass mir für die Rettungsmannschaft und die Leute Nelsons etwa tausend Kolben Mais und eine ansehnliche Menge Fleisch zur Verfügung standen.

Am 26. Oktober trat Jephson mit 40 Sansibarern und 30 Manjemasklaven den Marsch nach dem Lager Nelsons an. Ich lasse darüber Jephson selbst berichten.

Er schrieb mir am 4. November 1887:

„Geehrter Herr! Der Marsch stellte große Anforderungen an unsere Nerven. Die einzelnen Lagerplätze, wo wir schreckliche Tage des Hungers und der Sorge verlebt hatten, sahen sehr traurig aus. Wir fanden drei Gerippe unserer Leute, die damals verhungert waren; sie erinnerten uns in entsetzlicher Anschaulichkeit an das Elend, das wir hatten, ertragen müssen.

„Auf aller Lippen war die bange Frage: Wird Nelson noch am Leben sein? Je näher wir dem Schreckenstal kamen, desto fieberhafter wurde unsere Ungeduld, sein Schicksal zu erfahren. Rasch drangen wir vor, durch Fluß und Bach, durch die Sümpfe und Moräste, durch die sich damals unsere halbverhungerten Mannschaften nur mühsam durchgearbeitet hatten. Immer aufs Neue bezeugten Skelette am Weg die schweren Prüfungen, die uns vom Schicksal waren auferlegt worden.

„Als ich von einem Hügel in Nelsons Lager hinabstieg, hörte ich in einer armseligen Hütte das Ächzen von zwei Sterbenden. Das ganze Lager bot den Anblick unsäglichen Elends. Ich ging leise um das Zelt herum, in dem ich Nelson vermutete. Und ich fand ihn!

„Wir schüttelten uns die Hände, dann murmelte er etwas über seine große Schwäche und wandte sich schluchzend ab. Er sah matt und abgehärmt aus, die tiefen Falten um Augen und Mund redeten eine deutliche Sprache. Er erzählte mir, wie er Tag für Tag nach unserer Hilfe ausgeschaut habe und schließlich zu der furchtbaren Überzeugung gekommen sei, wir müssten unser Leben eingebüßt haben. Er hatte fast nur von Pilzen gelebt, die ihm seine jungen Diener täglich brachten.

„Ich fragte nach den übrigen Leuten und erfuhr das kaum Glaubliche: von den 56 Mann, die wir bei ihm zurückgelassen hatten, waren nur noch fünf übrig, und zwei von diesen lagen im Sterben! Die übrigen 51 Mann waren entweder umgekommen oder fahnenflüchtig geworden!

„Ich übergab Nelson die Lebensmittel, die Sie ihm sandten. Er ließ sich sofort ein Huhn bereiten und einen Brei kochen. Seine Augen leuchteten wie die eines beschenkten Kindes. Dann kamen meine Leute an, denen ich vorausgeeilt war. Sie drängten sich in das Zelt und beglückwünschten Nelson.

„Er hatte während unseres Vormarsches sein Zelt nicht verlassen können, seine Füße waren mit schmerzenden Geschwüren bedeckt, eine Folge der unzulänglichen Ernährung.

„Wir pflegten Nelson, so gut es ging, wir gaben ihm die besten Bissen, und bald besserte sich sein Gesundheitszustand so, dass er den Marsch zu den Manjema antreten konnte. Es ging langsam vorwärts, aber es ging! Der Entsatz Nelsons war mit Gottes Hilfe glücklich durchgeführt."

Soweit der Bericht Jephsons. Am Abend trat Ismaili, ein Häuptling der Manjema, in meine Hütte und erklärte mir, er habe mich so lieb gewonnen, dass er von Herzen gern Blutsbrüderschaft mit mir trinken würde. Ich hielt es zwar unter meiner Würde, mit einem Sklavenjäger Blutsbrüderschaft zu schließen, aber ich war mir bewusst, dass er über seine Horden blutgieriger Banditen große Gewalt besaß.

Sollte ich mir seine Freundschaft verscherzen? So schickte ich mich denn in die hässlichen, bereits geschilderten Förmlichkeiten des Blutsbrüderschaftstrunkes.

Um auch meinen zurückbleibenden Kranken und Krüppeln die Gunst dieses Häuptlings zu erhalten, schenkte ich ihm eine kostbare Seidendecke, seidene Taschentücher, ein paar Meter roten Stoff und andere kleine Kostbarkeiten. Damit er mir bis Ibwiri einen zuverlässigen Führer mit auf den Weg gäbe, überließ ich ihm obendrein eine goldene Uhr mit Kette.

Ich beauftragte Dr. Parke mit der Pflege Nelsons und der vierzig Kranken, die bei den Manjema zurückbleiben mussten.

Mit den übrigen Mannschaften brach ich nach Ibwiri auf. Wir verließen die Oase in der Urwaldwüste, um nochmals in der Wildnis den Kampf mit dem Hunger aufzunehmen!

9. An den Pforten von Kanaan.

Wir befanden uns jetzt im Land der Balesse. Um gegen Überfälle geschützt zu sein, waren die Dörfer dieses Gebiets mit seltsamem Palisadenwerk umgeben. Die Balesse hatten ringsum die Urwaldriesen in vier Meter Höhe über dem Erdboden gefällt und einen gefährlichen Trümmerhaufen geschaffen; es sah aus, als hätten Wirbelstürme alles kurz und klein geschlagen. Durch diesen gigantischen Verhau hatte sich durchzufinden, wer das Dorf erreichen wollte.

Tritt man aus dem Schatten des Waldes heraus, so führt der Pfad zunächst vielleicht ans einem dreißig Meter langen Baumstamm entlang, dann hat man auf einem Ast zu balancieren, bis man plötzlich wieder vor dicken Baumstämmen steht, über die man hinwegklettern muss. Im nächsten Augenblick befindet man sich im dichten Astgewirr eines zerspellten Baumriesen und kriecht und windet sich mühsam weiter. Man hat jetzt auf einen Stamm zu klettern, über dem andere Stämme liegen; katzenartig geduckt hilft man sich weiter, bis man etwa eine Höhe von sechs Meter über dem

Erdboden erklommen hat. Zwischen dem Geäst muss man in dieser gefährlichen Höhe Pfadfinder sein, eichkätzchenhaft von Ast zu Ast springen. Hinab, hinauf, bald rechts, bald links, und das stundenlang weiter unter glühen-
der Tropensonne in dumpfer, dunstgefüllter Atmosphäre, bis der Schweiß
aus allen Poren bricht.

Dreimal bin ich bei diesen halsbrecherischen gymnastischen Übungen
nur mit knapper Not dem Tode entronnen. Ein Mann war nach einem Fall
auf der Stelle tot, andere erlitten fürchterliche Verletzungen. Für die nackten
Füße der Sansibarer und Sudanesen war eine solche Kletterpartie nicht einmal so gefährlich wie für uns, die wir Stiefel trugen.

Die Karawane über dieses Wrack des Urwalds schreiten zu sehen, bot
einen wildromantischen Anblick: die einen taumelten in beträchtlicher Höhe
mit ihren schweren Lasten dahin, andere krochen auf dein Erdboden durch
das Buschwerk, hier balancierten Leute über einen dünnen Stamm, der Morast und Rinnsale kümmerlich überbrückte, dort standen andere ratlos im
Zweigwerk und wussten nicht, wohin sie sich wenden sollten. Und das alles
wäre nach zu ertragen gewesen, wenn nicht ans den Hinterhalten der Eingeborenen die todbringenden Pfeile unser gewartet hätten! Wir haben kaum
einmal eine derartige Lichtung durchquert, ohne dass einer unserer Leute
durch einen Pfeilschuss verwundet worden wäre.

Tag für Tag türmten sich gegen Abend düstere Wolken auf. Blitze zuck-
ten und brachen die Kronen der Bäume; sie spalteten dann und wann einen
Waldpatriarchen vom Wipfel bis zum Fuß und zersplitterten manchen statt-
lich prangenden Stamm. Fürchterlich hallte das Donnerrollen über die
Waldwüste, Regengüsse überschwemmten das sumpfige Land; wir fingen
an zu frieren und litten seelisch namenlose Pein.

Aber mit dem neuen Morgen kam auch immer wieder neuer Lebenswille
über uns. Sobald die Sonne ihr sanftes Licht durch das Geäst warf, hellte
sich unsere Stimmung von Neuem auf, die Hallen des Waldes erschienen in
göttlicher Schönheit. Die Baumstämme, triefend von Nässe, blinkten wie
Marmorpfeiler, und das Blattwerk war mit Millionen funkelnder Edelsteine
behängt. Die Papageien ließen fröhliches Pfeifen erklingen, Scharen von
Affen unterhielten uns durch ihre drolligen Possen, ein tiefes, bassartiges
Brüllen in der Ferne kündigte an, dass eine Schimpansenfamilie ihren
Schlupfwinkel verließ, um auf Abenteuer auszugehen.

Auf dem letzten Teil des Weges kamen wir durch einige verlassene Dörfer der Zwerge, die die Hauptbewohner des grauenvollen Dunkels des innerafrikanischen Urwaldes sind.

Dann peinigten uns wieder Schwüle und Hunger, und jeder Schritt vorwärts wurde zur Qual. Die Baumstämme lagen in fürchterlichster Verwirrung. Aber durch Nacht ging es empor zum Licht! Wir überschritten die
Wasserscheide zwischen Ituri und Ihuru und waren in einem Gebiet bewal-

deter Hügelkegel und Bergrücken. Im Dorf Indekaru, das 1249 Meter hoch in der halben Höhe eines Berges liegt, erfreute uns zum ersten Male ein umfassender Rundblick auf die Umgebung. Bisher waren wir immer sechzig Meter unter dem Tageslicht dahingekrochen, und die Riesensäulen der Urwaldbäume hatten uns stets an unsere Ohnmacht erinnert. Aber von dem Gipfel dieses Berges konnten wir einmal wie Herren der Schöpfung aus den Urwald Innerafrikas herabschauen.

Bis in die fernsten Fernen sahen wir die Laubebene wogen, ringsum Waldbreiten, deren Grün in der Ferne in einen blassblauen Farbenschimmer überging. Wie beneideten mir den Gabelweih und den weißkragigen Adler, die in leichtem, anmutigem Flug ungehindert das Luftmeer durchsegelten. Wir schulterten nach solchen Träumen unsere Lasten und schlugen uns weiter gen Osten durch.

* * *

Am 9. November kamen wir nach Ibwiri. Die Waldlichtung rings um das Dorf war wahrhaftig ein Garten Gottes. Jeder Bananenstamm trug ungeheuere Fruchtbüschel, die einzelnen Früchte waren über 50 Zentimeter lang und 6 Zentimeter stark! Bataten, Bohnen, Zuckerrohr, Mais und Melonen gediehen hier in solchen Mengen, dass meine Leute, die seit mehr als zwei Monaten keine nahrhafte Mahlzeit hatten einnehmen können, sich gütlich taten und —- nicht mehr an den Weitermarsch dachten. Einige Tage Aufenthalt war den geplagten Mannschaften von Herzen zu gönnen. Infolge ihrer mumienhaften Abgezehrtheit waren sie hässlich anzusehen. Sie waren fast nackt, weil sie sich ihrer Kleidungsstücke entledigt hatten, um sie bei den Manjema gegen Nahrungsmittel einzutauschen.

Mein Mitgefühl verscherzten sich die Leute freilich immer aufs neue durch ihre sträfliche Charakterschwäche. Zwei Mann waren desertiert. Trotz des strengen Befehls, in Ibwiri die Habseligkeiten der Eingeborenen unangetastet zu lassen, hatte einer der willensschwachen Beutejäger neunzehn Hühner geraubt! Zwei Mann hatten auf einen Sitz eine Ziege verzehrt — ein Zeugnis für die unbegrenzte Leistungsfähigkeit sansibarischer Magen.

Je mehr ich in dieser Urwaldeinsamkeit in die Herzen der Menschen schauen lernte, desto fester ist es meine Überzeugung geworden, dass der Mensch dem Tier sehr bedenklich verwandt ist. Nährt sich der Mensch genügend und regelmäßig, dann ist er ein Wesen, das sich zu Anstrengungen jeder Art überreden oder zwingen lässt, das durch Furcht und Liebe leicht bewegt wird und das sich vor keiner Arbeit scheut, wie schwer sie auch sei. Ist er aber halb verhungert, so tut man gut, immer an das Cave canem! zu denken. Kein hungriger Löwe ist so leicht reizbar wie der hungernde Mensch!

Strengste Zucht, das Tragen schwerster Lasten, endlose Märsche durch unwegsame Gebiete schienen unsere Leute niemals zu verbittern, solange ihr Magen gefüllt und Vorrat an Proviant beschafft war. Wurden sie aber vom Hunger geplagt, so konnte sie selbst die Furcht vor dem Tod durch den Strang nicht von Fehltritten abhalten! ·

Jetzt taten wir uns gütlich an reifen Bananen, die mit Hilfe von Ziegenmilch zu Puddingen zubereitet wurden, an Brot, Bataten und Gemüsen, an Pasteten und Pfannkuchen, an Geflügel und Ziegenfleisch, soviel wir nur genießen wollten.

Unsere Speisekarte am ersten Abend in Ibwiri wies folgende Köstlichkeiten auf:

Suppe von Ziegenfleisch. — Gebratene Ziegenkeule mit gebackenen Bataten — Gebratene Bananen. — Süßer Bananenkuchen. — Gezuckerte Pfannkuchen aus Bananenmehl — Ziegenmilch.

Der Balessehäuptling Borjo, dessen Dorf bei Ibwiri lag, wußte viel von einem Ort Mande zu erzählen, der zwei gute Tagemärsche, also etwa 65 Kilometer-, weit nach Osten liege. Man könne dort das ersehnte Grasland sehen, und Rinderherden gebe es dort massenhaft. Ein Trupp von 28 Freiwilligen erklärte sich bereit, unter Führung Borjos aus die Suche auszugehen.

Seit unserer Ankunft in Ibwiri hatten die meisten Mitglieder der Expedition täglich ein Pfund an Körpergewicht zugenommen. Einige hatten bereits einen ganz beträchtlichen Leibesumfang bekommen; ihre Augen begannen zu blitzen, und ihre Haut wurde glänzend wie Bronze. An den letzten Abenden hatten sie sogar wieder zu singen versucht; beim Stampfen des Korns summten sie ihre Melodien, und beim Anblick des Mondes ließen sie heimatliche Lieder erschallen. Hier wurden Faustkämpfe veranstaltet, dort lachte man herzlich, und dort erzählte man einander. Das Brüten über Leben und Tod, das wehmütige Erinnern an liebe Freunde auf der fernen Heimatinsel war abgelöst worden durch hoffnungsvolles Geplauder über die Zukunft, über das Grasland, dessen Flächen nun nicht mehr weit sein konnten, über die Weideländereien mit den Herden feister Büffel. Man unterhielt sich über gefüllte Speicher und über den Albertsee, wo die Dampfer des weißen Mannes vor Anker lagen, wo Emin unser harrte ... Es war ein neues Leben über unsere Leute gekommen und ein neues Hoffen!

* * *

Am 24. November, einem hellen, sonnigen Tage, blies der sudanesische Trompeter das Signal zum Aufbruch; seine fröhlichen Töne fanden jubelnden Widerhall. Heute brauchten sich die Offiziere nicht über Saumseligkeit und Widerspenstigkeit zu beklagen, es gab nicht einen einzigen Nachzügler im Lager. Die Gesichter aller glänzten hoffnungsfreudig, alle waren guten Mutes und durch die Aussicht auf ein Leben im Überfluß angeregt. Durch die Leute des Suchtrupps, die den Weg auf zwei Tage weit erforscht hatten und die in verlockenden Farben die Haine von Bananenstauden, die mächtigen Äcker mit Bataten und die wogenden Maisfelder schilderten, waren die Erwartungen der Mannschaften aufs höchste gespannt worden. Zum ersten Male waren wir Weißen von der Sorge befreit, wer diese oder jene Last zu tragen hatte; es gab kein Suchen nach Trägern, kein Drohen und Schelten. Wir marschierten aus dem Dorf als eine Truppe der denkbar glücklichsten Menschen auf dem Erdenrund. Die bösen Manjema blieben hinter uns. Vor uns malte uns unsere Phantasie Bilder üppiger Weideländereien und einen großen See, an dessen Ufern wir von einem dankbaren Pascha mit seiner nicht weniger dankbaren Armee mit offenen Armen ausgenommen wurden.

Borjos Dorf, das wir bald betraten, war einer der neuesten komfortabelsten Wohnplätze des Ituritals. Einige Stunden darauf kamen wir wieder durch ein in einen undurchdringlichen Wald eingesenktes Dorf von Zwergen, dessen Hauptplatz anscheinend zu allerlei Sport benutzt worden war. Nach anderthalbstündigem Marsch erreichten wir eine Lichtung Auch sie war durch gefällte Bäume zu einem Schutzverhau hergerichtet worden. Eine gefangene Baburufrau führte uns durch diese Wirrnis, deren Anblick uns Schrecken einflößte. Nach mancherlei Zwischenfällen fanden wir einen Pfad, der einen sanft ansteigenden Hang hinanführte. Wir klommen höher und höher und durften hoffen, bald eine Höhe zu erreichen, von der wir weit ins Land hinein schauen konnten. Schon waren wir durch etliche Siedlungen marschiert, als der erste Mann der Vorhut auf mich zugesprungen kam. Freudig erregt, forderte er mich auf, nach Sonnenaufgang zu schauen! Und was sah ich im Osten? Weideland! Hügel, Täler und eine weite grasbedeckte Ebene!

Ein lange schon erträumtes Bild entrollte sich unsern Augen: Weideland! Es bedeutete den Austritt aus dem Urwaldfinster! Ich nannte die 1400 Meter hohe Bergspitze, die uns den ersehnten Anblick bot, Pisgah, die Pforte von Kanaan! Nach 156tägiger Dämmerung lagen die sonnigen Weideländereien von Äquatoria vor unsern Augen.

Die Leute drängten den Abhang hinauf nach, und ihre fragenden Blicke schienen, noch ehe sie ihre Gedanken in Worte kleideten, zu sagen:

„Ist es wahr? Ist es möglich, dass sich der Waldkerker hinter uns geschlossen hat?"

Sie schauten und schauten, und tränenfeuchten Auges starrte mancher in das Land des Segens.

„Ja, Freunde, es ist wahr! Durch Gottes Gnade sind wir dem Ende unserer Waldgefangenschaft nahe!"

Sehnsüchtig streckten sie die Arme nach dem herrlichen Land aus, alle blickten in dankbarer Verehrung zum klarblauen Himmel auf. Als sie sich dann umwandten, den Wald zu betrachten. der sich nach Westen ins Unbegrenzte dehnte, drohten sie ihm trotzig und hasserfüllt mit der Faust. Sie schalten den Wald wegen seiner Grausamkeit gegen sie und ihre Freunde, sie verglichen ihn mit der Hölle, klagten ihn an des Mordes ihrer hundert Gefährten und nannten ihn die Wildnis der Schwämme und der Holzbohnen.

Aber der Wald, der sich in seiner unermesslichen Weite wie ein ganzer Weltteil vor ihnen ausbreitete, lag schläfrig wie ein Raubtier, dessen Riesenpelz noch von der fiebernden Aufregung eines Beutezuges dampft. Er antwortete nicht, er blieb stumm, unerbittlich, unbarmherzig wie immer.

10. Aus Urwaldnacht ins Sonnenland.

Noch waren wir dem Land fern, das wir von Bergeshöhe wie eine Fata Morgana am Horizont geschaut hatten. Das Dorf Ijugu, das wir am 1. Dezember mittags erreichten, war auf die Kunde von unserm Herannahen von den Eingeborenen eiligst verlassen worden. Westen aus dicker Büffelhaut, die zurückgelassen waren, nahmen meine Leute als Panzer gegen die Pfeile der Graslandbewohner mit.

Am 2. Dezember verloren wir den Eingeborenenpfad und mussten nunmehr zwischen einer verwirrenden Menge von Büffel- und Elefantenspuren den Weg durch den Wald selbst suchen. Ein Bursche, der umhergestreift war, hatte mir mitgeteilt, er habe am Abend vorher die Ebene erreicht und könne uns bequem hinführen. Im Vertrauen auf ihn hatten wir unseren Pfad verlassen und begannen nunmehr, einen gewundenen, regellosen Weg durch den Wald zu verfolgen, bis wir nach fast dreistündigem Marsch plötzlich auf ein Dorf stießen, dessen kegelförmige Dächer mit Gras bedeckt waren. Gras — das war eine freudige Überraschung, die mit lauten Freudenrufen begrüßt wurde! Einer stürzte sich auf das Gras und küsste es.

Während wir dort unsere Mittagsrast hielten, benutzten einige junge Leute die Gelegenheit, um die Nachbarschaft zu erforschen. Sie brachten uns, noch ehe unsere Rast verstrichen war, ein Bündel grünes Gras, das wir mit ebenso großer Freude begrüßten, wie Noah die Taube mit dem Ölzweig mag willkommen geheißen haben. Die Leute meldeten jedoch, dass der Pfad, den sie verfolgt hätten, in einen Morast führe, und da Sümpfe für beladene Karawanen ein Schrecken sind, setzten wir unsern Marsch in etwas veränderter Richtung fort.

Gleich darauf sah ich, dass einer unserer Leute hoch in den Zweigen die Augen mit der Hand beschattete und eifrig nach irgend etwas Ausschau hielt. Im nächsten Augenblick rief er so laut; dass das ganze Dorf es hören konnte „Ich sehe das Grasland! Wir sind ganz nahe daran!"

„Na," erwiderte einer spöttisch, „siehst du etwa gar schon den See und den Dampfer und den Pascha, den wir suchen?"

Der Berg Pisgah von Osten. Im Vordergrund das Grasland.

Die meisten meiner Leute waren bei der Nachricht aufgesprungen. Drei Männer klommen mit der Behändigkeit einer wilden Katze auf die Spitzen der Bäume, ein kühner junger Bursche kletterte sogar in eine Baumkrone, die selbst ein Affe nur mühsam erreicht haben würde, und gleich darauf erscholl es:

„Ja, wahrhaftig es ist die Wahrheit! Das offene Land liegt dicht vor uns, und wir wußten es nicht!" Jubelnd wiederholte die Menge den Freudenruf.

Seltsamer Lippenschmuck.

Als einer unserer Leute aus dem Fluss in der Nähe Wasser holen wollte, trat ein altes Weib aus dem Dickicht hervor. Er warf sofort sein Wassergefäß weg und ergriff die Frau. Sie war aber kräftig und verteidigte ihre Freiheit in entschlossenster Weise, und der Mann hatte viel Mühe, sie ins Lager zu bringen.

Durch freundliches Zureden, vor allem durch das Stopfen einer langen, für sie bestimmen Pfeife, machten wir sie willfährig und erfuhren, dass wir uns in Indesura befanden. Die Bewohner hießen Wanjasura; sie löschten ihren Durst mit dem Wasser des Ituri. Einige Tagemärsche nordwärts wohne ein mächtiger Stamm, Bansansa, und östlich von diesem noch ein anderes Volk, die Bakandi; beide Stämme besäßen zahlreiche Viehherden, sie seien tapfer und sehr kriegerisch.

Emin-Pascha. (S. 88)

Phalanxtanz der Krieger Masambonis. (S. 94)

Unsere gefangene Alte, die in Bezug auf persönlichen Schmuck einen sonderbaren Geschmack bewies, da sie eine hölzerne Scheibe von der Größe eines stattlichen Mantelknopfes in der Mitte der Oberlippe befestigt hatte, bekam einen neuen Anfall von Widerborstigkeit und schalt uns alle in bösartigster Weise. Nur einen meiner Leute nahm sie aus, einen verschämten, bartlosen Jüngling, in den sie sich auf den ersten Blick verliebt hatte. Der Bursche aber schrieb der Hässlichkeit dieses alten Weibes Zauberkraft zu und ergriff vor der Verführerin die Flucht. Zwei Offiziere kamen von einer Streife zurück und meldeten, es sei ihnen gelungen, 2 1/2 Kilometer stromauf eine Furt zu entdecken; sie hatten bereits den Fuß auf Grasland gesetzt. Inzwischen hatte mein treuer Begleiter auf meinen früheren Afrikareisen, der Bootsmann Uledi, mit feiner Abteilung eine noch nähere Furt aufgefunden, in der das Wasser nur bis an die Hüften reichte.

Am Abend gab es in der ganzen Welt keine Gesellschaft von glücklicheren Leuten als die Mannschaften im Lager von Indesura. Am nächsten Tag sollten sie dem Wald Lebewohl sagen! Die grünen Grastriften, von denen wir im düsteren Urwald geträumt hatten, wenn wir zu Tode erschöpft in Schlaf versunken waren, befanden sich ganz in der Nähe! Die gefüllten Töpfe, die unsere Kundschafter mitgebracht hatten, enthielten saftiges Fleisch, gebratene und gekochte Hühner, Maisbrei und Grütze aus Bananenmehl. Und goldgelbe Bananen hatten sie mitgebracht! Kein Wunder, dass die Leute über alle Maßen glücklich und hoffnungsfroh waren.

Auf dem linken Ufer des Ituri kamen wir, am 4. Dezember 1887, geführt von Jephson, der etwa einen halben Kilometer weit einer breiten Elefantenfährte folgte, durch den letzten schmalen Gürtel turmhoher Urwaldbäume,

53

und dann traten wir unter endlosem Jubel aus eine weite Ebene hinaus, grün wie ein Wiesenplan in Europa! Aus der Urwaldnacht kamen wir in die Sonne.

Mit unsagbarer Lust atmeten wir die reine Luft ein. Mit ungewöhnlich raschen Schritten eilten wir vorwärts, und schließlich, als sich unsere Sehnsucht nicht mehr meistern ließ, setzte sich die ganze Karawane in Laufschritt! Der blaue Himmel über uns war uns noch nie so groß und hoch, so rein und heiter erschienen wie in diesem Augenblick. Das junge Gras wurde von einer sanften Brise schmeichelnd liebtest und bewegte sich hin und her, als wolle es uns die mannigfaltigen Schattierungen seines saftigen Grüns zeigen. Durch die klare Luft segelten Vögel, die uns so lange fremd gewesen waren, Antilopen standen auf einer grasbewachsenen Anhöhe und betrachteten uns verwundert, um dann aufzuspringen, wieder stehenzubleiben und ihrem Erstaunen, das ebenso groß war wie unsere eigene Verwunderung, durch wildes Schnaufen Luft zu machen. Büffel hoben die Köpfe, warfen die schweren Körper herum und trabten fort, um sich vor uns seltsamen Eindringlingen in Sicherheit zu bringen.

Weit in die Runde lag herrliches Land offen vor unseren Blicken. Meilenweit dehnten sich die hellgrünen Wellen des Weidelandes, durchschnitten von schmalen, gewundenen Linien schattenreicher Bäume, die an den Bächen Schildwacht hielten. Dutzende von Hügeln sahen wir im Sonnenglanz liegen, besät von Gruppen dunkeln Gebüschs; hier und dort beherrschte eine Palme die weitgedehnten Weideflächen. Fern im Osten waren einige Gebirgsketten gelagert; hinter diesen Höhenzügen, davon waren wir überzeugt, lag der Albertsee in seinem blauen Bett . . .

Bis Atemlosigkeit uns Halt gebot, eilte die Karawane im Laufschritt weiter. Auf einer schrankenlosen Ebene zu laufen, war uns allen ein langentbehrtes, köstliches Vergnügen!

Auf dem Hügel, der uns am nächsten lag und der die Ebene überragte, machten wir halt, um in vollen Zügen die Schönheit der Landschaft zu genießen. Alle Gesichter spiegelten jetzt die Freude des Herzens wider, die Erfüllung des innigsten Herzenswunsches hatte in aller Augen einen seltsamen Glanz gezaubert. Wir fühlten uns wie Männer, die der Haft entronnen waren! Die nach fünf Monaten des Elends Dunkelheit und Schmutz und Feuchtigkeit mit Gottes hellem Sonnenlicht und mit einem menschenwürdigen Dasein vertauschen konnten! Freudetrunken schweiften unsere Augen über Waldhügel und Weideland, und um unser Glücksgefühl noch zu erhöhen, schauten wir freudig zurück auf den Urwald.

11. Im Kampf mit den Wilden.

Von ihren Lasten befreit, machten sich einige abenteuerlich veranlagte Burschen sofort aus den Weg, um den Dörfern ringsum in den Talsenken Lebensmittel beizutreiben. Da sie überraschend kamen, gelang es ihnen, Geflügel, Zuckerrohr und Büschel Bananen zu erbeuten. Sie brachten auch Waffen der Babusesse mit: große Bogen, lange Pfeile und schwere Schilder. Diese waren in rechteckiger Form aus zähen Gerten hergestellt, mit Bast fest zusammengebunden und mit einer gummiartigen Masse bestrichen; sie stellten kleine Kunstwerke dar und waren für Pfeile und Speere vollkommen undurchdringlich.

Wir marschierten nach einem Dorf im Nordosten. Dichtes Röhricht und fünf Meter hohes Gras erschwerten uns den Weg ebenso wie einst das Unterholz des Urwaldes. Wir kamen durch Schluchten, auf deren morastigem Grunde wir die Fußspuren von Löwen und Leoparden bemerkten, wir schlugen uns durch Akaziengestrüpp und erreichten endlich die Hirsefelder von Mbiri. Kaum hatten uns die Eingeborenen bemerkt, so ergriffen sie die Flucht, versäumten aber nicht, fliehend ihre langen Pfeile auf uns abzuschießen.

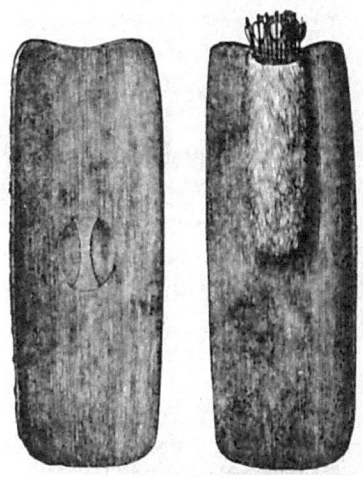

Schild der Badufesse.

Ich ordnete unsere Reihen zum gesicherten Weitermarsch.

Die Vorhut war mit Winchestergewehren bewaffnet, eine starke Abteilung von Leuten, die mit Remingtongewehren ausgerüstet waren, bildete unter Leutnant Stairs' Befehl die Nachhut. Obwohl ich die Mannschaften nachdrücklichst gewarnt hatte, die Reihen zu verlassen, hatten sich doch bald Dutzende von Plünderern von der Haupttruppe abgelöst, um in Hütten und Getreidespeichern der nahen Siedelungen nach Beute zu suchen und Hühner, Bananen, Ziegen, Zuckerrohr und auch allerhand wertlose Dinge zu stehlen. Einem kam sein Ungehorsam teuer zu stehen: Ein aus dem Hinterhalt abgeschossener Pfeil drang ihm durch den Arm in die Rippen. Ein anderer Freibeuter wurde durch einen am Schlüsselbein abgeglittenen Streifschuß an die Torheit seines Unternehmens erinnert.

Bei einer kleinen Niederlassung machten wir halt. Sie bestand nur aus zwei großen kegelförmigen Hütten und einigen Nebengebäuden, in deren Nähe wir in aller Eile für die Nacht unsere Hütten bauten.

Wir hatten in einem leichten Scharmützel Gefangene gemacht. Gegen Abend ließ ich sie zu mir kommen und versuchte lange, von ihnen eine klare Antwort zu bekommen, ob östlich von uns der Njansa, der Albertsee, lag.

„Njansa? Njansa? Ja, gewiss, der Njansa liegt dort!" Einer der Gefangenen zeigte nach Osten: „Er dehnt sich dorthin (nordwärts) sehr weit aus!"

Auf die Frage, wieviel „Schlaf" zwischen den Babusesse hier und dem See liege, hob er drei Finger der rechten Hand. Drei Tagesreisen also.

Inzwischen war es dunkel geworden. Plötzlich wurden wir durch einen Schmerzensschrei erschreckt, dem ein eigentümliches geisterhaftes Geheul folgte. In der dann eintretenden Stille vernahmen wir das Rascheln der Pfeile in den Bananenblättern über unsern Köpfen.

„Löscht die Feuer! Kaltes Blut! Wo sind die Wachen?"

Die listigen Eingeborenen hatten gerade die Stunde des Abendbrots zum Angriff gewählt, also die Zeit, zu der das Lager am schwächsten bewacht war. Wir mussten leider feststellen, dass ein Pfeil einem Mann etwa zehn Zentimeter tief in die Hüfte eingedrungen war. Nach gütlichem Zureden zog der in Schmerzen sich windende Mann tapfer den Schaft des Pfeils aus der Wunde, bis die mit gefährlichen Widerhaken versehene Spitze zu sehen war. Ich entfernte auch die Pfeilspitze und legte eine Salbe auf die entzündete Wunde.

Eine halbe Stunde später erneuerten die Eingeborenen ihren Angriff auf das Lager. Unsere Gewehre gaben ihnen eine gute Antwort.

Später vernahmen wir in der Ferne zwei Gewehrschüsse und einen Todesschrei. Ich musste leider abermals feststellen, dass wieder einer der Freibeuter seine verbrecherische Tätigkeit aufgenommen und mit dem Tode bezahlt hatte.

Diese nichtsnutzigen Herumtreiber waren für mich ein ewiges Ärgernis. Es war vollkommen zwecklos, sie etwa durch Zureden und Vernunftsgründe bekehren zu wallen, nur mit barbarischer Strenge war gegen sie etwas auszurichten. Da aber die Leute noch bis in die letzten Tage die Schrecken des Urwaldes hatten ertragen müssen, fehlte mir der moralische Mut, die eiserne Schraube militärischer Disziplin anzusetzen. Ließ ich aber Milde walten, so zogen sie sich und ihre Kameraden ins Verderben.

Als wir in einem plumpen Kanu unter Führung meines Sansibarmannes Saat Tato („Drei Uhr", weil er daheim täglich um diese Zeit betrunken war) über den mehr als hundert Meter breiten Ituri setzten, hatten die Abunguma von einem Hügel aus den Übergang genau beobachtet. Sie dachten offenbar: „Schon gut, Freunde. Seid nur einmal hüben, dann rechnen wir mit euch ab!" In dem offenen Grasland konnte nichts geschehen, ohne dass es nicht alle Welt wusste. Die Abunguma drohten uns am linken Ufer mit ihren Speeren, und die Babusesse hatten jeden hervorragenden Punkt des rechten Ufers besetzt.

Seit Ibwiri hatten wir sehr üppig gelebt. Die Wirkung auf die Leute war wundervoll; sie waren in jeder Beziehung Männer geworden, nicht mehr die elenden, feigen mageren Wichte von Ipoto.

Auf einem der für jene Gegend charakteristischen langgedehnten Bergrücken hatten wir einen interessanten Rundblick. Unser Kurs ging nach Südosten aus einen hohen Kegelberg zu, der später als Masamboniberg bekannt wurde. Überall in den anmutigen Tälern lagen verlassene Wohnstätten der Eingeborenen mit sorgsam bebauten Feldern. Die Einwohner hatten sich auf die benachbarten Höhen zurückgezogen. Sogar an einer Vieheinzäunung kamen wir vorbei. Vor Freude riefen meine Leute:

„Ja, der Herr hat recht! Alles, was er gesagt hat, trifft ein. Erst wird das Grasland kommen, sagte er, dann das Vieh mit den tapferen Männern, die es verteidigen, dann die Hügel, dann der Njansa und endlich der weiße Mann. Das Grasland haben wir schon gesehen; hier ist der Viehhof, dort sind die Hügel mit den tapferen Männern, und wenn es Gott gefällt, werden wir auch den Njansa und den weißen Mann noch erblicken."

Ein 27 Meter breiter Flusslauf wurde auf einer recht gebrechlichen Hängebrücke aus Lianen überschritten. Jeder Mann brauchte zwei volle Minuten, und es dauerte darum Stunden, bis alle Mann unter dem feuerbereiten Schutze der Gewehrträger das andere Ufer erreicht hatten.

Unterwegs sahen wir eine schwarze Kuh mit ihrem Kalb. Begeistert riefen meine Leute: Rindvieh, ach Rindvieh, Rindvieh, was machst du? Wir haben dich nicht gesehen, seit wir jung waren."

Bald erscholl abermals über unsern Köpfen drohend im Chor der Kriegsruf der Eingeborenen. Die Gruppen waren schon viel zahlreicher geworden, und es mochten vielleicht dreihundert mit Schilden, Speeren und Bogen ausgerüstete Krieger versammelt sein, die die Waffen schwangen, mit Schild und Speer herausfordernd hantierten und uns in einer mir unbekannten Sprache wütend anschrien. Immer erregter sich gebärdend, schienen sie herabkommen zu wollen, änderten aber dann wohl ihren Plan und erklommen den Gipfel ihres Berges. Sie schrien und heulten, riefen und drohten, was uns ihren Hass bekunden und ihre Gefährten in den Tälern ermutigen sollte.

Als wir zum Angriff übergingen und aus den Kornfeldern herauskamen, hörten wir kampflustige Stimmen im Tal, ein Echo des Kriegsgeschreis aus der Höhe.

Es war bereits vier Uhr, also Zeit, einen Platz für unser Nachtlager aus-
zuwählen und uns darauf vorzubereiten, dass wir die Nacht inmitten eines
uns an Zahl weit überlegenen feindlichen Stammes würden zubringen müssen. Glücklicherweise stieg ganz in der Nähe der steile Hügel Nsera Kum
auf, dessen Gipfel dreißig Meter über der mittleren Talhöhe lag. Er bildete
gleichsam eine Insel in der weiten Ebene, eine Trutzfeste. In einer solchen
Stellung hätte man mit fünfzig Gewehren ein Lager gegen tausend Eingeborene behaupten können.

Wir eilten den Hügel hinauf, während die Krieger von ihren Höhen her-
abkamen und sich uns näherten. Auch von den Flussniederungen her marschierte eine große Schar Bewaffneter gegen unsere Linie vor. Doch gelang
es uns, die Hügelinsel zu erreichen und hinaufzuklimmen, da die Kundschafter der Vorhut vereinzelte Schüsse abgegeben und unsere Front vom
Gegner freigehalten hatten. Die Lasten wurden abgeworfen, einige treffsi-
chere Plänkler jeder Abteilung beauftragt, der Nachhut das Herankommen
zu ermöglichen. Andere wurden angewiesen, rings um den Gipfel des Hügels einen Verhau anzulegen. Schließlich wurde unter besonderen Vorsichts-
maßregeln eine Abteilung von dreißig Mann nach dem Fluß geschickt, um
Wasser zu holen. Nach einer halben Stunde war die ganze Kolonne auf dem
Hügel in Sicherheit, der Lagerschutz vollendet und Wasser bereitgestellt.

Jetzt hatten wir Zeit, Ausguck in die Umgebung zu halten. Die Umschau
war keineswegs ermutigend. Im Tal verstreut lagen etwa fünfzig Dörfer, und
nach allen Winden hin zeigten sich eine Pflanzung hinter der andern, ein
Feld und eine Siedlung neben der andern. Die Schwärme der an den Berg-
hängen versammelten Eingeborenen betrugen mehr als 800 Köpfe. Ihr her-
ausforderndes Lärmen und tierhaftes Schreien wäre dazu angetan gewesen,
Schwankenden den letzten Mut zu nehmen.

Die Bergbewohner schienen geneigt zu sein, sofort ihre Kräfte mit uns
zu messen. Wir waren von den Märschen der letzten Tage ermüdet, die glühende Sonne und das Gewicht der Lasten hatten die Körperkräfte der Leute
geschwächt. Trotzdem wählte ich einige der besten Schützen aus und sandte
sie den Bergbewohnern entgegen, während wir stehenblieben, um die
Kampfsitten und das kriegerische Gebaren unserer Gegner zu beobachten.

Die Eingeborenen näherten sich unseren Schützen bis auf neunzig Meter
und machten im Schussfeld der Gewehre ihre Bogen fertig. Unsere Leute
feuerten nur einmal und zogen sich zurück, ohne dass sie Treffer gehabt hätten. Die Gebirgsbewohner rückten vor, immer den Finger an der Bogensehne. Nun ergriffen unsere vier Mann die Flucht. Die Eingeborenen deuteten
dies als einen großen Erfolg und erhoben ein gellendes Triumphgeheul.

Um dieser Freude ein Ende zu machen, schickten wir eine größere Zahl
Büchsenschützen unsern vier Plänklern zu Hilfe. Sie nahmen Deckung und
begannen, die aus ihren Hinterhalten herausgelockten Wilden ernstlich aufs

Korn zu nehmen. Einige Mannschaften richteten unter den Gebirgsbewohnern ein großes Blutbad an, während andere ins Tal hinabkrochen und hier für den Sieg der Feuerwaffen sorgten. Andere schlichen sich um den Hügel herum und fielen den Gegnern in den Rücken. Der Jäger Saat Tato brachte sogar seine Kuh als Kriegstrophäe in das Lager ein, so dass wir am Abend dieses Kampftages zum ersten Male wieder Rindfleisch kosteten.

Als die Dunkelheit einbrach, suchten Freund und Feind ihre Lagerstätten auf, beide in der Erwartung, dass morgen ein heißer, aufregender Tag folgen werde.

* * *

Ehe ich mich am Abend zur Ruhe legte, las ich wie gewöhnlich in der Bibel. Ich schlug das fünfte Buch Moses auf und las die erhebenden Worte, mit denen Moses Josua ermahnte: „Seid getrost und unverzagt, fürchtet euch nicht und lasst euch nicht vor ihnen grauen! Denn der Herr, dein Gott, wird selber mit dir wandeln und wird die Hand nicht abtun, noch dich verlassen!" So fand ich Trost im Vertrauen auf die Hilfe des Herrn.

Obgleich ich für den Kampf gut vorbereitet war, wurde ich doch den Gedanken nicht los: wie töricht und unnötig es war, wenn wir uns noch länger bekriegten. Wir kannten den Feind nicht, und der Feind kannte weder unsere Namen noch unser Ziel noch unsere Beweggründe. Ob wir nicht in Güte weiterkommen konnten?

Als gegen neun Uhr die Morgennebel unter den Strahlen der Frühsonne zerrannen, versammelten sich die Eingeborenen in gewaltigen Scharen. Wir vervollständigten unsern Zaun aus Dorngestrüpp, verteilten Patronen und musterten die Gewehre. Die grellen Töne der Kriegshörner riefen die Eingeborenen zu den Waffen, auf den Hügeln ringsum schlugen zwanzig Trommeln an. Zwischen Berg und Tal rief man sich Befehle zu, wir waren bald vollkommen umzingelt. Laut brüllend stieg gegen elf Uhr vormittags eine Schar Eingeborener von den Bergen nieder und überhäufte uns mit wilden Drohungen.

Als ich erfuhr, dass einer unserer Leute die Sprache dieses Volksstammes verstand, suchte ich dem Feind durch vernünftige Auseinandersetzungen den Sinn unserer Expedition verständlich zu machen.

„Wir kämpfen nur zur Verteidigung", ließ ich ihnen sagen, „und würden gern ruhig weiterziehen, wenn ihr uns unbehelligt ließet! Wäre es nicht besser, wenn wir erst einmal versuchten, uns gegenseitig zu verstehen?"

„Das sind fürwahr weise Worte!", sagte einer der Eingeborenen. „Sagt uns, wer ihr seid! Woher des Weges? Und wohin?"

„Wir kommen von Sansibar, vom Meere; unser Häuptling ist ein weißer Mann. Wir wollen nach dem Njansa von Unjoro."

„Wenn ihr einen weißen Mann bei euch habt, dann zeigt ihn uns!"

Sofort trat Leutnant Stairs aus dem Lager. Fetteh, der Dolmetsch, stellte ihn vor.

„Nun aber sagt, wer ihr seid!", rief Fetteh. „Was ist dies für ein Land? Wie heißt euer Häuptling? Und wie weit ist es zum Njansa?"

„Dies Land heißt Undussuma, der Häuptling Masamboni, wir sind Wasamboni. Den Njansa erreicht man in zwei Tagen. Ihr werdet wohl fünf brauchen. Er liegt nach Sonnenaufgang. Es gibt nur einen Weg dahin, ihr fehlt ihn nicht!"

Ein Krieger Masambonis.

Das war ein guter Anfang, freundliche Beziehungen anzuknüpfen. Wir erfuhren, dass es in Undussuma zwei Häuptlinge gab, von denen der eine dem Frieden nicht abgeneigt sei und Freundschaftsgeschenke austauschen wollte, wenn wir das wünschten. Wir waren gern einverstanden. Bald war nichts mehr vom Kriegsgeschrei des Feindes zu hören.

Es kam eine Abordnung Masanibonis, der Art und Menge unserer Stoffe zu sehen wünschte. Wir sandten ihm zwei Meter scharlachroten Uniformstoff und ein Dutzend Messingstangen. Nach einer Weile ließ er uns seine Bereitwilligkeit erklären, morgen mit unserm Führer Blutsbrüderschaft zu trinken.

Am nächsten Morgen fühlten wir uns nach einer ungestörten Nacht sehr erfrischt und gaben uns der angenehmen Erwartung hin, dass in wenigen Stunden freundlich gesinnte Einwohner sich in unserm Lager tummeln würden. Wir wollten nicht aufbrechen, ehe das Gegengeschenk Masambonis oder gar der Häuptling selbst eingetroffen wäre.

Inzwischen waren die Eingeborenen in langen Reihen auf den Ausläufern des Berges erschienen und wandten sich einem gemeinsamen Sammelplatz auf dem flachen Gipfel eines Hügels zu, der in der Luftlinie etwa 900 Meter von unserm Standort entfernt war. Gleich darauf hörten wir die volltönende Stimme eines echten Volksredners schallen. Er sprach etwa zehn Minuten lang. Fetteh, der herbeigeholt worden war, hörte ihm zu; er erzählte, der Redner empfehle den Frieden. Seltsamerweise aber erhob sich als Echo seiner Rede ein schrecklich gellendes Kriegsgeschrei! Die Berge hallten wider von wilden Ausbrüchen ungezügelter Kampfesleidenschaft.

Hier musste ein Irrtum des Dolmetschers vorliegen. Und richtig: Er hatte die beiden ähnlich klingenden Ausdrücke Kanwana (Friede) und Kurwana (Krieg) miteinander verwechselt.

„Wir wollen eure Freundschaft nicht!" brüllten sie uns an. „Wir werden bald über euch kommen und euch mit den Stöcken unserer Hirten aus dem Lager treiben!"

Jetzt waren wir fest entschlossen, den verblendeten Wilden eine nachhaltige Lehre zu geben.

Nachdem die Kompanien aufmarschiert waren, führte Leutnant Stairs seine fünfzig Schützen gegen die kriegswütigen Burschen auf dem jenseitigen Ufer des Ituri-Armes. Gleichzeitig schickte ich eine starke Abteilung unter Jephson aus, um die Abhänge zur Linken zu erstürmen, während Uledi mit zwanzig ausgewählten Schützen einen Ausfall nach rechts durchzuführen hatte. Raschid erhielt den Befehl, mit zehn Mann den Gipfel des Njera Kum zu besetzen, um uns vor einer Überrumpelung von dieser Seite zu schützen.

Schon nach wenigen Minuten war Stairs' Kompanie in heißem Gefecht. Die Eingeborenen empfingen unsere Leute mit geradezu staunenswerter Kaltblütigkeit, und es ist nicht übertrieben, wenn ich sage, dass ihre Pfeile gleich einem Regenschauer auf unsere Mannschaften niederprasselten. Trotzdem setzten die Leute unter dem Schutze des Feuers über den Fluss und gaben drüben so verheerende Salven ab, dass in wenigen Sekunden die kampflustigen Banden vernichtet oder zerstreut waren. Das Dorf wurde im Sturm genommen, die Bananenpflanzungen von Versprengten gesäubert. Nachdem das Dorf in Brand gesteckt war, ging Leutnant Stairs zum Angriff auf die übrigen Niederlassungen über. Das Knattern der Salven ließ erkennen, welch mächtigem Widerstand er begegnete.

Mittlerweile hatten Uledis Winchestergewehre bei einem Stoß in die linke Flanke des Gegners ganze Arbeit gemacht. Jephsons Abteilung glückte es, überraschend aus einer Schlucht hervorzubrechen, und das Schnellfeuer verfehlte seine Wirkung auf die Nerven der Eingeborenen nicht — in wilder Flucht stürzten sie davon. Gegen ein Uhr mittags waren alle Mann bis auf einen Verwundeten im Lager versammelt. Die Leute hatten ausgezeichnete Tapferkeit bewiesen.

Eine sternenhelle Nacht ließ das blutige Tagewerk vergessen Die Eingeborenen irrten im Osten und im Norden in den Bergen umher; in den Tälern war keine Hütte stehen geblieben, die ihnen hätte Obdach gewähren können.

Wir hatten die Kriegslüsternen schwer bestraft. Hätte ich mich aber von Nachsicht und Barmherzigkeit treiben lassen, so wären uns die Burschen bei erstbester Gelegenheit in den Rücken gefallen.

12. Zum Njansa!

Am 12. Dezember brachen wir schon in aller Herrgottsfrühe auf, damit wir ein gutes Stück Wegs zurückgelegt hatten, ehe sich die Eingeborenen aus ihren Schlupfwinkeln in die rauhe Morgenluft hinauswagten. Das Gras des Weidelandes war mit Tauperlen bedeckt und so nass, als hätte es geregnet. Die Nachhut hatte nicht versäumt, fein säuberlich unsere Verteidigungswerke zu zerstören, damit die Eingeborenen nicht unsere Verteidigungstechnik kennenlernten.

Drei Stunden lang konnten wir in friedlicher Stille weiterwandern. Wir konnten die herrlichen Fruchtgärten bewundern, die Weiden und Pflanzungen und Hirsefelder.

Um neun Uhr vormittags begannen die Eingeborenen lebendig zu werden und Umschau zu halten. Kaum hatten sie unsere langen Schlangenlinien entdeckt, so stießen sie mit Aufwendung gewaltiger Lungenkraft ihr Kriegsgeschrei aus. Hunderte feindlicher Späheraugen waren aus uns gerichtet, glühend von Wildheit und Hass.

Wir durchwanderten ein Dorf nach dem andern, ohne die dort zurückgebliebenen Einwohner, meist Frauen und Kinder, nur im geringsten zu belästigen. Aber es wiederholte sich, was wir schon am Tage zuvor erfahren hatten: Unsere Rücksicht wurde als Schwäche ausgelegt.

Etwa 300 Meter vor uns stand ein Trupp von fünfzig Eingeborenen und beobachtete unser Tun. Sie sahen, dass wir nicht rechts und nicht links schauten, niemand belästigten und keine Speicher antasteten. Aber weit entfernt, dieses Benehmen als einen Beweis guter Zucht anzuerkennen, folgten sie heimtückisch der Kolonne und forderten ihre Landsleute laut und gebieterisch auf, sich zu sammeln und uns mit den Waffen zu folgen.

Ihre Aufforderung, uns zu umzingeln, fand nur allzu willige Ohren. Sobald sich die Burschen stark genug fühlten, gingen sie zum Angriff über und stürmten auf unsere Nachhut ein. Unsere Gewehre verwandelten ihre Offensive aber bald in wilde Flucht.

Die Bevölkerung wurde immer dichter, die Trupps kriegerisch sich gebärdender Eingeborener nahmen zusehends an Zahl und Kampflust zu, die

Gruppen vereinigten sich zu gewaltigen Scharen, die etwas im Schilde zu führen schienen. Die Eingeborenen entfalteten eine Regsamkeit, als hätten sie einen köstlichen Schatz vor Eindringlingen zu hüten. Wollten sie uns von Emin-Pascha fernhalten? Auf den Hügeln wimmelte es von Schwarzen, auf der breiten, leichtgewellten Ebene kamen sie wie Armeen von Ameisen auf uns zu.

Um elf Uhr vormittags hatten die ersten Leute unserer Kolonne den Kamm eines Höhenrückens erreicht. Gleichzeitig waren Scharen bewaffneter Eingeborener von der entgegengesetzten Richtung an den Fuß des Hügels herangekommen. Ich befahl, sofort die Lasten abzulegen und den Kampf aufzunehmen.

So groß auch das Kriegsgeschrei der wilden Horden war, das Prasseln des Schnellfeuers aus unsern Winchesterbüchsen übertönte ihren Höllenlärm, das Pfeifen der Geschosse lähmte ihre Unternehmungslust beträchtlich. Sobald sich die feindlichen Linien von unserer zum Angriff vorgehenden Vorhut bedroht sahen, machten die schwarzen Gesellen kehrt und liefen mit der Schnelligkeit von Antilopen davon. Unsere Leute verfolgten sie anderthalb Kilometer weit, kehrten aber auf ein verabredetes Signal sofort zurück. Sie gehorchten diesem Befehl mit einer Pünktlichkeit, die mich fast noch mehr erfreute als ihre Tapferkeit. Denn bei halbgeschulten Söldnern liegt nach jedem erkämpften Erfolg eine große Gefahr darin, dass sie blindlings die Verfolgung fortsetzen und, freudetrunken, blindlings ins Verderben rennen. Wenn der Rückzug der Eingeborenen nur eine Kriegslist gewesen wäre? 40 Mann verfolgten 500 gut bewaffnete Eingeborene, und Tausende kampflustiger Wilder warteten ringsum auf den Befehl zu neuem Angriff.

Nachdem wir unsere Reihen wieder geordnet hatten, marschierten wir in geschlossener Linie weiter, bis wir um halb ein Uhr haltmachten, um uns zu stärken. Unsere Mittagsrast gab auch den Feinden Zeit, wieder ihre Kräfte zu sammeln. Obwohl man meinen sollte, sie wären durch die Vorgänge am Vormittag ernüchtert worden, bedrohten uns aufs neue mächtige Scharen.

Nach kurzer Rast nahmen wir unsern Marsch wieder auf. Ein gut ausgetretener Pfad ermöglichte es uns, rasch den höchsten Punkt eines Gebirgszugs zu erreichen. In einer Entfernung von etwa 40 Kilometer erblickten wir die blaue gleichmäßige Linie eines Tafellandes, das sich zu den Wolken erhob. Noch immer nicht der Albertsee? Die Leute gaben ihrer Unzufriedenheit durch lautes Murren Ausdruck. Ich wußte, dass sich zwischen uns und dem mächtigen blauen Tafelland eine riesige Schlucht befinden musste, auf deren Grund der Albertsee gebettet lag. Meine Leute sahen freilich nur immer wieder die ungeheure dunkelblaue, mächtige Masse in der Ferne und riefen ärgerlich:

„Der Njansa geht ja immer weiter von uns weg!"

Ich tröstete sie und sagte:

„Haltet die Augen offen, Jungens! Den Njansa werdet ihr jetzt jeden Augenblick sehen können."

Noch einen Pfeilschuss· marschierten wir ostwärts, da ruhten plötzlich alle Blicke auf einer grauen Wolke unter uns.

„Was ist das da unten, tief unter uns? Ist das Nebel?"

„Nein, Kinder, das ist der Njansa! Leichter Nebel deckt ihn. Schaut dorthin! Dort im Nordosten hat er die Farbe des Meeres."

Erst starrten die Leute ein paar Minuten wie versteinert hinab, ehe sie begriffen, dass es Wasser, dass es der Albertsee war. Dann aber gaben sie ihrer Freude in lautem Jubelgeschrei Ausdruck. Sie jauchzten und tanzten und drängten sich, mir Glück zu wünschen und dabei ihrem Erstaunen Ausdruck zu geben, dass ich die Stelle so genau getroffen hatte.

Ich suchte mit dem Fernglas die Ufer des Sees ab, doch nirgends vermochte ich ein Kanu zu entdecken. 30 Kilometer weit sah ich nur Uferhänge, durchsetzt mit zyklopischen Felsmassen durchfurcht von steilen, schluchtartigen Wasserläufen, zwischen denen lange, scharfe, jäh abfallende Grate lagen, mit Gesteinstrümmern, hohem Gras und dünnem Gestrüpp bedeckt. Die Baumgruppen am Ufer schienen aus Akazien und Dorngesträuch zu bestehen, auch sie wiesen keine Stämme auf, aus denen man ein Kanu hätte herstellen können.

Nach einer Rast von zwanzig Minuten begannen wir den Abstieg von der etwa 1500 Meter über dem Meer liegenden Höhe.

Noch ehe die Vorhut einen Büchsenschuss weit marschiert war, hatten uns die Eingeborenen erspäht. Wie Teufel kamen sie herangeschlichen und belästigten unsere Nachhut, wie Wölfe hefteten sie sich auf den steilen, ermüdenden Pfaden an unsere Kolonnen.

Während sie ihre Pfeile abschossen und sich an ihre Opfer heranmachten, schrien sie:

„Ku-la-la heh lelo! Wo wollt ihr heute Nacht schlafen? Wisst ihr nicht, dass ihr rettungslos umstellt seid? Ei, jetzt haben wir euch, wo wir euch haben wollten!"

Meine Leute blieben ihnen durch Vermittlung des Dolmetschers die Antwort nicht schuldig:

„Wo wir schlafen werden, dort kommt ihr uns nicht zu nahe. Wenn ihr uns aber habt, wo ihr uns haben wolltet, warum kommt ihr dann nicht an uns heran?"

Ein lebhafter Kampf entbrannte. Auf unserer Seite war ein einziger Mann durch einen Pfeilschuss getötet worden. Und die Verluste der Gegner? Wir kannten sie nicht. Wären wir unbeladen, frisch und des Geländes kundiger gewesen, kaum einer dieser heimtückischen Burschen wäre am Leben geblieben.

Der Abstieg dauerte drei Stunden, denn alle Augenblicke mussten wir halten, um sich nähernde Eingeborene zurückzuschlagen. Am Fuße des Gebirges überschritten wir einen salzhaltigen Fluss, der sich ein so tiefes Bett gegraben hatte, dass er von haushohen Felsmauern eingefasst war. Am Rande einer dieser steilen Mauern schlugen wir das Lager auf, das auf der einen Seite unzugänglich war. Auf der andern Seite sicherten wir es mit Dorngestrüpp und Holzverhau. Da wir bestimmt vermuteten, dass die Eingeborenen einen nächtlichen Angriff auf unser Lager planten, stellte ich zahlreiche Schildwachen aus, die im hohen Gras gegen Sicht gut geschützt waren.

Eine Stunde nach Eintritt der Dunkelheit sirrten Pfeile durch die Luft, gellten Kriegsrufe durch die nächtliche Stille. Die Scharen der Wilden gingen zum Angriff vor. Aber sie erstaunten nicht wenig, als das Gras hier und dort anfing Feuer zu spucken! Unsere Gewehre zwangen die törichten Angreifer zu schleunigstem Rückzug.

Damit endete dieser aufregende Tag, der uns den Njansa beschert hatte. Und der Himmel schenkte uns die wohlverdiente Ruhe. Wir waren etwa 700 Meter tief hinabgestiegen.

13. Umkehr vor dem Ziel.

Nahe unserm Weg waren Eingeborene in dem armseligen Wald mit dem Einsammeln von Feuerholz beschäftigt. Wir machten halt und hörten schweigend zu, wie der Dolmetscher versuchte, auf seine freundlichen Fragen eine Antwort zu erhalten. Es dauerte zehn Minuten, ehe die Person, die sich als ein Weib entpuppte, etwas erwiderte, und nun hörten wir so rohe, unflätige Schimpfworte, dass kaum das verrufenste Londoner Fischweib mit ihr hätte wetteifern können. Wir gaben alle Hoffnung auf, von diesem gehässigen, verstockten Weib eine vernünftige Antwort zu erhalten.

Als die Bewohner des nächsten Dorfes meine Leute herankommen sahen, schickten sie sich an, zu fliehen. Sobald sie aber feststellen konnten, dass sie nicht verfolgt wurden, nahmen sie auf einem mächtigen Termitenhügel Stellung, weniger aus Duldsamkeit als aus Neugier. Nachdem sie sich von der Höflichkeit und Harmlosigkeit meiner Truppe überzeugt hatten, ließen sie sich durch unsere wiederholten Freundschaftsversicherungen sogar bewegen, näher zu treten.

Etwa vierzig Eingeborene waren so nahe gekommen, dass wir bequem mit ihnen reden konnten. Meine Leute schworen beim Himmel und bei der Liebe zu ihrem Hals, dass sie nichts Böses beabsichtigten, sondern nur Freundschaft und Hilfsbereitschaft suchten. Die Einwohner wendeten ein, sie seien schon oft bewaffneten Leuten von unserer Art begegnet, sie woll-

Ankunft bei der Nachhut in Banalja. (S. 97)

Jephsons Rückkehr zu Stanley. (S. 100)

ten nur an die Warasura, an die Krieger Kabregas von Unjoro, am Ostufer des Albertsees, erinnern, die auch im Besitz von Waffen seien, mit denen man den Feind sofort töten könne. Wenn wir etwa Warasura oder deren Bundesgenossen seien, dann würden sie jeden Augenblick zum Kampf bereit sein. In ihrer harten schnarrenden Sprache äußerten sie noch weiter ihren Argwohn, und so endeten unsere Bemühungen um ihre Gunst mit einem vollkommenen Misserfolg. Sie wollten weder Freundschaftsgeschenke annehmen noch uns Wasser geben.

Wir wanderten weiter und fragten und fragten. Jedermann stellten wir die Frage, die uns auf den Lippen brannte, die Frage, von deren Antwort unser Schicksal abhing:

„Wo ist Emin-Pascha?"

„Ihr sucht einen weißen Mann, sagt ihr? Vor vielen Jahren kam einer von Norden her in einem Rauchboot. Das war, als wir noch Kinder waren. Seitdem haben wir kein Rauchboot wieder gesehen. Wir hörten, dass in Msua merkwürdige Leute wohnen sollen, aber das ist weit von hier! Dort nach Norden, den See entlang geht euer Weg. Alle bösen Männer kommen von dort. Wir haben auch nie gehört, dass je gute Männer vom Ituri gekommen sind."

Sie ließen sich herbei, uns den Weg zu zeigen, einen schmalen Pfad am Ufersaum. Überaus zweideutig rieten sie uns beim Abschied, wir sollten uns in acht nehmen.

Wir fragten und fragten, und niemand konnte uns über Emin Auskunft geben. Die Hoffnungsfreude, die mich und alle beseelt und aufrechterhalten hatte, verließ mich, als ich Mitte Dezember die niederschmetternde Nachricht erhalten hatte. Wäre Emin mit seinen Kanus und seinen tausend Leuten hier am See gewesen, jedem Kind würde er bekannt gewesen sein. Als wir uns in Ipoto unter dem Druck der Verhältnisse entschlossen, unser Stahlboot zurückzulassen, hofften wir, dass Emin inzwischen durch meinen Ende Februar 1887 aus Sansibar durch Uganda Und Unjoro geschickten Eilboten über unsere Rettungsexpedition unterrichtet wäre und die Eingeborenen vorbereitet hätte und dass wir in der Lage sein würden, Kanus zu erwerben oder herzustellen. Der Ort Wadelai, 50 Kilometer unterhalb des Ausflusses des Albertsees, war auf dem Wasserweg vier Tagereisen von hier entfernt, auf dem Landweg nahezu dreißig! Hätten wir aber marschieren müssen und wären wir gezwungen gewesen, uns durch feindliche Völkerschaften durchzuschlagen, die uns für die gefährlichen Warasura hielten, so hätten mir wohl 25 Kisten Munition verbraucht. Wir besaßen nur noch 47 Kisten und mussten auch damit rechnen, dass wir für unsern Heimmarsch nach dem Ozean einen guten Vorrat von Munition nötig hatten — wie viel wäre dann für Emin übrig geblieben?

Ich musste mich zu einem furchtbar schweren, aber unbedingt erforderlichen Entschluss aufraffen: Ich musste das Zeichen zum Rückzug geben!

„Meine Herren!", sagte ich bei der Mittagsrast zu den Offizieren. „Schauen Sie nicht so trübselig und verzweifelt drein und machen Sie mir meinen Kummer nicht noch schwerer. Lassen Sie mich Ihnen die Lage klar und offen darlegen.

„Wenn wir uns noch ein paar Tage in dieser trostlosen Einöde aufhalten und nach Emin suchen, stehen mir in drei, vier Tagen vor dem Hungertod. Diese Uferbewohner hier fangen Fische und bereiten Salz, um es den Bewohnern des Hochlands gegen Getreide zu verkaufen; es wird immer Zug um Zug gehandelt, so dass es am See keine Getreidevorräte gibt. Wollten wir aus dem Vormarsch kümmerlich unser Leben fristen, so müssten wir jeden Tag die schrecklichen Felsenhänge hinaufklettern. Eine Woche lang würden die Eingeborenen da oben Widerstand leisten, dann würden sie nach entfernteren Gegenden auswandern und uns ein verödetes Gebiet zurücklassen.

„Sie müssen also einsehen, meine Herren, dass unser Vormarsch an diesem Seeufer ein höchst törichtes Unternehmen wäre. Mit dem Suchen nach Kanus würden wir nur unnötig Zeit vertrödeln, mit jedem Kilometer Landmarsch Munition vergeuden. Besser ist es unter diesen Umständen, wir gehen nach Ibwiri zurück, holen die dort zurückgelassene Munition aus den Verstecken und warten Nachricht von Emin ab. Dann soll uns auch unser Stahlboot gute Dienste leisten!"

Ehe wir uns endgültig zum Rückmarsch entschlossen, fragten wir alle Eingeborene, die uns über den Weg liefen, nach Emin.

Und alle hatten als Antwort nur ein Kopfschütteln und als Reisegruß ein Fluchwort übrig.

„Auf welchem Weg seid ihr hierher gekommen? Vom Ituri her? Das beweist, dass ihr Teufel seid!" sagte einer.

„Wer hat je gehört," fragte ein anderer, „dass aus dieser Richtung gute Menschen kämen? Laßt euch weiterhin vom Seeufer euern Weg zeigen! Ihr werdet auf diesem Wege Menschen begegnen, die ebenso schlecht sind wie ihr selbst. Auch ihr Beruf ist es, Menschen zu töten. Oder geht in die Berge, denn hier am See gibt es nichts zu beißen! Geht und versucht euer Glück anderswo!"

Geht! — Es klang, als hätte ein unerbittliches Schicksal dieses harte Wort gesprochen. Geht! Schickt euch ins Unvermeidliche, auf dass sich das Wort erfülle: Vor den Erfolg haben die Götter Not und Entbehrung gesetzt!

Immer aufs Neue wurde uns der Weg versperrt, kein friedlicher Marsch war uns vergönnt, nur unter Kämpfen und Töten, Zerstören, Vernichten, Brandschatzen konnten wir vorwärtskommen. Überall aufgehalten zu werden, war unser Los.

Wir beschlossen, nach Ibwiri zurückzukehren. In achtzehn Tagemärschen hofften wir es zu erreichen. Dann wollten wir uns dort ein stark befestigtes Lager bauen und besserer Tage harren.

13. Umkehr vor dem Ziel.

Die Stimmung der Mannschaft war trostlos. Gibt es auch einen schwereren Schicksalsschlag als den, kurz vor Erreichung des Ziels das Signal zum Rückmarsch hören zu müssen?

* * *

Um unbemerkt zu bleiben, brachen wir am 16. Dezember 1887 gegen neun Uhr abends auf. In todesähnlichem Schweigen schritten wir durch das schlafende Dorf und folgten einem wenig betretenen Pfade, dessen Spur sich bald verlor. Die Augen zum Sternenhimmel gerichtet, setzten wir den Marsch noch einige Stunden fort, bis die Natur ihr Recht forderte und uns Halt gebot. Todmüde warfen wir uns, wo wir standen, ins Gras und waren bald in festen Schlaf versunken, unbekümmert um alle Möglichkeiten.

Bei Tagesanbruch erhoben wir uns, vorn Tau völlig durchnässt, und klommen die steilen, von den Regengüssen der letzten Tage ausgewaschenen Felsenhänge hinauf. Von dem anstrengenden Nachtmarsch noch ermüdet, durch das Lagern im kalten Tau, durch den Sprühregen und die Morgenkühle durchfroren, waren wir nicht in der geeigneten Verfassung, wieder über 700 Meter bergauf zu steigen, zumal uns jetzt die glühende Tropensonne auf den Rücken brannte und die Felsen eine Höllenglut ausstrahlten.

Als wir die halbe Höhe erreicht hatten, bemerkten wir tief unter uns in der Ebene zwölf Eingeborene, die unserer Expedition wie Schakale folgten, um Kranke und Nachzügler niederzumachen. Es dauerte nicht lange, so sahen wir sie um ihr Opfer stehen. Wie wir später vom Befehlshaber der Nachhut erfuhren, hatten sie einem Hilflosen, einem Todkranken, ein Dutzend Speere in den Leib gebohrt.

Bald stießen wir auf ungeheure Haufen von Knochen geschlachteten Wildes, das den verschiedensten Arten anzugehören schien, vom Elefanten und Flußpferd bis zur kleinsten Buschantilope. Die Wilden hatten wahrscheinlich das Wild hier zusammengetrieben, durch einen Feuerkranz am Entrinnen verhindert und dann innerhalb des Feuerringes die Tiere massenweise abgeschlachtet.

Keinen Augenblick waren wir unseres Lebens sicher. Es war uns nicht entgangen, dass ein großer Trupp Eingeborener sich in dem hohen Gras verborgen hielt, durch das voraussichtlich unser Weg führte. Wir schwenkten aber auf eine übersichtliche Fläche mit kurzem Graswuchs ab. Als sie durch diese Bewegung ihren Plan vereitelt sahen, tauchten sie aus ihren Verstecken auf und ratschlagten, wie sie auf andere Weise ihrem Hass Genüge tun könnten. Bald forderte ihre Mordlust neue Opfer.

Es war schon der fünfte Tag unserer Langmut. Ich verlor immer mehr Leute, und wenn das große Rettungswerk gelingen sollte, durfte ich nicht einen einzigen Mann mehr verlieren!

Wir mussten uns noch einmal durch den Wald schlagen, wir mussten Ipoto erreichen, um unser Stahlboot nach dem Albertsee tragen zu können, wir mussten vielleicht noch lange Wochen den See absuchen, um ein Lebenszeichen von Emin zu entdecken, wir mussten Major Barttelot und seiner Nachhut Beistand leisten, wir mussten dann wieder durch das Grasland und die Siedlungen seiner heimtückischen Bewohner marschieren. Wer weiß, wieviel Verluste wir infolge der unerhörten Mordgier hinterhältiger Eingeborenen noch würden zu erleiden haben! Wir mussten versuchen, die Wilden durch einen gehörigen Denkzettel zur Vernunft zu bringen, und sie vielleicht durch Wegnahme ihres Viehes zur Überzeugung veranlassen, dass Frieden für sie nutzbringender sei als Kriegen und Morden.

Am nächsten Morgen rief ich vor Tagesanbruch Freiwillige auf.

„Ihr seht, Leute, dass die Eingeborenen unter Anwendung der gemeinsten Mittel kämpfen. Sie haben scharfe Augen und geübte Beine, während uns die Füße schmerzen. Ihr sollt ihnen heute eine strenge Lehre geben! Geht hin und verjagt die Kerle, die gestern die Kranken meuchlings hingemordet haben! Geht in die Dörfer, nehmt jede Kuh, jedes Schaf, führt jede Ziege fort, die ihr findet, aber haltet euch nicht lange bei dem Anzünden der Hütten auf! Lauft geschwind! Bringt auch Gefangene mit, die ich dann mit den nötigen Grüßen an ihre Spießgesellen zurückschicken kann!"

Sie gingen, und wir nützten die Rast in einem verlassenen Eingeborenendorf, um Schuhe und Kleidungsstücke auszubessern, wir schusterten und schneiderten nach Herzenslust. Nachmittags kehrte die Abteilung der Freiwilligen mit Gefangenen, mit einer ansehnlichen Rinderherde, zurück. Sechs Tiere wurden sofort geschlachtet. Mit kräftiger Kost einzuheizen tat auch not, denn bitter quälte uns auf diesem Hochland die nächtliche Kälte. Seitdem wir das Grasland betreten hatten, wurden wir durch raue Abendnebel in unsere Hütten getrieben. Viele meiner Leute hatten ihre Kleidungsstücke gegen Nahrungsmittel eingetauscht und waren nun fast nackt. Bei einer Nachttemperatur von zwölf Grad harrten sie zähneklappernd des Anbrechens des jungen Tags. Einer der Anführer erlag einer Lungenentzündung, die er sich infolge Erkältung geholt hatte.

Am 7. Januar 1888 kamen wir nach Ibwiri, das wir vor zwei Monaten voll Zuversicht verlassen hatten. Wir fanden den Leichnam eines unserer Leute wieder. Der Mann war von einem Baumstamm gefallen und hatte sich das Genick gebrochen. Die roten Ameisen, die Gassenkehrer des Urwalds, hatten die Kopfhaut des Toten verzehrt und den Schädel von den Fleischteilen so rein gefressen, dass er einem großen Straußenei glich.

Wir gingen sofort an den Bau einer Waldfestung und nannten sie Fort Bodo, das „Friedensfort".

14. Der Bau einer Waldfeste.

Nicht nur um eine sichere Unterkunft zu haben, wollte ich das „Friedensfort" bauen lassen, sondern auch, um Mais und Bohnen zu ziehen und uns auf eigene Füße zu stellen. Dann wollte ich Nelson und Dr. Parke aus den Klauen der Manjema befreien, die seiner Obhut anvertrauten Genesenden in Sicherheit bringen und das Stahlboot „Advance", das Maximgeschütz und die in Ipoto lagernden Lasten heranholen.

Zunächst war es notwendig, dass alle Mann zugriffen, um Palisaden zu errichten, hinter denen wir in Muße bauen konnten, ohne beständig das Gewehr auf der Schulter tragen zu müssen.

Am 18. Januar 1888 war ein pfeilsicherer Schutzverhau beendet. Hundert Mann hatten in unermüdlicher Arbeit mächtige Stämme gefällt und herbeigeschafft. Andere hatten den Graben, der schon die Umrisse des künftigen Forts zeigte, ausgeworfen und die Stämme eingerammt. Mit Hilfe von Ästen und zähem Rankenwerk wurden die Stämme mit Querbalken verbunden. An der Außenseite der Palisaden wurden die Planken so angebracht, dass keiner der katzenartigen Eingeborenen emporklettern und, während wir vielleicht arglos um das Feuer saßen, einen vergifteten Pfeil abschießen konnte.

An allen Ecken des Forts waren fünf Meter hohe Türme errichtet; sie waren für die Wachen bestimmt, die von hier aus die zukünftigen Felder überschauen konnten. Nachdem das Pfahlwerk vollendet war, mussten die Balken zum Bau der Mannschafts- und Offiziershäuser, der Speicher, Küchen, Getreidelager und Nebengebäude behauen werden. Große Haufen breiter Phryniumblätter mussten zum Decken der Häuser eingesammelt werden. Viele Mannschaften waren damit beschäftigt, Lehm herbeizuschaffen, andere stampften und mischten ihn. Etliche Leute fertigten Leitern an, stellten Türen und Fenster her und bauten Küchengeräte. Als die Häuser fertig waren, bereiteten wir aus Holzasche eine Anstreichfarbe, die den Gebäuden ein sauberes, nettes Aussehen gab und die Räume wohnlich machte.

Am 28. Januar war mein Hauptquartier fertig. Wir hatten weit mehr als ein Hektar Urwald gerodet, rings um das Fort einen 180 Meter breiten lichten Gürtel geschaffen, die leichteren Baumstämme fortgetragen, die schwereren aufgestapelt und dann in Brand gesteckt. Nun wurden die Zelte zusammengefaltet und in die Häuser gebracht. Anfänglich war es in den Räumen noch etwas feucht, aber Tag und Nacht brennendes Holzkohlenfeuer trocknete die Wände bald aus. Unser Tropenheim war vollendet.

Aus allen Himmelsgegenden kamen die Eingeborenen in die Nähe des Lagers; die einen trieb die Neugier, die andern der Hass. Als wir beobachteten, dass sie die von uns gepflanzten Bananenstauden fällten und alle Pfade in der Nähe des Forts mit vergifteten Holzsplittern spickten, ließ ich sämtliche Mannschaften ausschwärmen und den Wald säubern. Dabei brachten sie Zwerge von nur 132 Zentimeter Körpergröße als Gefangene ein.

Nachdem wir einige Tage in den Gebäuden gewohnt hatten, wurden wir von Millionen winzig kleiner Mücken belästigt. Das war aber noch nicht die ärgste Pein. Aus einem Eingeborenendorf hatten sich ein paar Ratten eingefunden und sich derart vermehrt, dass diese Rattenplage uns ein unerträgliches Ärgernis wurde. Die Ratten vernichteten unser Getreide, bissen uns in die Füße, liefen nachts über unser Gesicht und spielten in unserm Bettzeug Verstecken.

Zugleich begann der warme, trockene Lehmfußboden Myriaden von Flöhen auszubrüten. Mein armer Dachshund „Randy" hatte unter diesen Quälgeistern fürchterlich zu leiden. Uns ging es nicht besser, unsere Gliedmaßen waren völlig zerbissen. Um diese Pest auszurotten, hielten wir die Fußböden ständig feucht; die Flohbrut zu ersäufen, war das einzige Mittel, sich dieser Plage zu erwehren.

Gegen die winzigen Mücken boten unsere Moskitonetze keinen Schutz; sie schwirrten durch die feinen Maschen Es blieb uns kein anderes Mittel, als die Moskitonetze aus Musselin herzustellen. Dieser erfüllte seinen Zweck, freilich litten die Schläfer infolge des geminderten Luftzutritts an Erstickungsanfällen!

Obendrein wurden wir jede Nacht durch das unheimliche Geschrei der Makis, dieser widerlichen Halbaffen, geweckt. Ihre Gesänge fingen mit einem erschreckenden, käuzchenhaft klagenden Grundton an, der sich rhythmisch wiederholte und ganz allmählich anschwoll und zu einer schnellen Aufeinanderfolge wehklagender, wimmernder, das Ohr beleidigender Schreie wurde, die in der Stille und Dunkelheit der Nacht unheimlich klangen. Bald darauf antwortete in einer Entfernung von etwa 200 Metern eine Makischöne in derselben Tonart; mitunter gab es einen Wechselgesang von einem Halbdutzend Makipärchen. Es war entsetzlich!

Zuweilen kamen von der Lichtung her in- unser Fort ganze Armeen von roten Ameisen, deren Kolonnen sich durch unsere Schutzgräben nicht aufhalten ließen. In langen, dichten, ununterbrochenen Linien kletterten sie über die Brustwehren, durch Spalten im Pfahlwerk, über den Wallgang und marschierten in das Innere des Forts. Etliche Kolonnen suchten die Küche heim, andere die Speiseräume, und wehe dem unglücklichen nackten Fuß, der aus diese Tiermassen trat! Durchgepeitscht werden mit Brennnesseln, Aufstreuen von Paprika auf den abgehäuteten Körper, ätzende Lauge auf offene Wunden — — alles das dürfte nicht annähernd so schmerzhaft sein wie die Bisse von Tausenden dieser Tiere, die an den Beinen und am Leib emporklettern, sich im Kopfhaar vergraben, ihre hornartigen Fresswerkzeuge ins Fleisch bohren und mit jedem Biss ein Eiterbläschen entstehen lassen!

Jedes Lebewesen erschrickt bei ihrem Kommen. Alles schreit, heult vor Schmerz, alles springt tobend umher und windet sich.

Und doch begrüßte ich diese Insekten bei ihrem ersten Auftreten als einen Segen. Ich lag in der Hängematte, ihnen unerreichbar und hörte in den dürren Phryniumblättern über mir ein plötzliches Geraschel wie von einer Menge wandernder Tiere; es waren die Ratten, Mäuse, Schlangen, Käfer, Heimchen, die vor dem Herannahen dieser roten Pest in Bewegung kamen. Von meiner Hängematte aus sah ich, wie unsere Rächer auf dem Fußboden vormarschierten, die Wände erkletterten, die Schlupfwinkel unter jedem Blätterhaufen untersuchten, in die Ecken und Ritzen, Spalten und Mauselöcher drangen; ich hörte das Jammern der kleinen blinden Mäuse, das Quieken der Rattenmütter — ich begrüßte die Ameisen als eine Erlösung und hatte nur den einen Wunsch, sie möchten es mit ihrem Säuberungswerk recht genau nehmen.

Da geschah plötzlich das Unerwartete!

Etliche bösartige, undisziplinierte Stämme lösten sich von der Hauptarmee los und ließen sich von der Decke aus meine Hängematte fallen! Im Nu hatten sie einen, der ihnen wohl wollte, in einen rachsüchtigen Feind verwandelt. Gefoltert schrie ich in wahnsinniger Wut nach glühenden Kohlen; in wilder Erregung kamen meine gepeinigten Kameraden herzu. Wir schürten ein Feuer, kehrten die Ameisen zusammen, brieten sie zu Millionen bei lebendigem Leib, bis die Luft von dem Gestank der in Krusten sich kräuselnden Tiere erfüllt war.

Auch mit Schlangen machten wir in unserer Urwaldfeste Bekanntschaft. Während wir die gefällten Stämme beiseiteschafften, das buschartige Unterholz rodeten und den Boden zum Anbau vorbereiteten, trafen wir viele und bemerkenswert schöne Schlangenarten.

Zusammengerollt im Gebüsch, so schlank und grün wie ein unreifer Weizenhalm, lagen die gefährlichen Peitschenschlangen, die sofort zischend gegen unsere Leute aufsprangen, sobald sie mit Haumessern ihre Nester zerstören wollten. Viele Arten von Baumschlangen in glänzend schillerndem Farbenkleid wurden aufgefunden. Einem Sudanesen glückte es, einige aufgeblasene, prächtig geschmückte Puffottern zu töten. Vier furchtbar giftige Hornvipern krochen fauchend aus ihren Löchern und mussten den Angriff auf unsere Leute mit dem Tode büßen.

Über dem Fort, wie über jeder Lichtung des Urwaldes, schwebten die verwegenen Gabelweihen. Nur hin und wieder erschien ein weißkragiger Adler. Papageien gab es unzählige; vom ersten Morgengrauen bis zu einbrechender Dunkelheit suchten sie uns durch ihr Gekreisch zu unterhalten. Der schwarze Ibis und die Bachstelze fanden sich bald auf unserer Siedlung ein, und die Webervögel bauten neben unsern Häusern ihre seltsamen Nester.

Wir bekamen auch „gewichtigeren" Besuch: Elefantentrupps suchten unsere Pflanzungen auf, Büffel und Wildschweine trieb die Neugier her. Und für Sammler von Insekten und Schmetterlingen seltenster Gattungen wäre unsere Waldfeste geradezu ein Paradies gewesen.

Während mir Sansibarer und Sudanesen allerlei Seltenheiten aus dem Pflanzen- und Tierreich brachten, beschäftigte sich mein Geist mit andern, wichtigeren Dingen. Meine Verantwortung für eine stattliche Zahl Menschen war zu groß, als dass ich mich hätte mit Nebensächlichem beschäftigen können. Immer weilten meine Gedanken bei Emin-Pascha. Und die Frage, wie meine Leute in den nächsten Wochen mit Nahrungsmitteln versorgt werden könnten, verlangte gebieterisch Antwort. Nur fleißige Arbeit konnte helfen.

Nachdem unsere Waldblöße gesäubert, umgegraben und bepflanzt war, war sie nicht lange mehr die braune, nackte Fläche. Eines Tages grünte es von jungen Maisblättern, die wie auf Kommando aus der Erde sproßten. Noch gestern blickten wir vielleicht lächelnd auf die zarten weißen Stengelchen, und heute sind sie unter der Tropensonne schon aufgeschossen und haben zartgrünes Blattwerk entfaltet. Tag für Tag wunderten wir uns aufs neue, wie märchenhaft üppig der Mais wuchs, mit welcher Gewalt die Halme sproßten und wie rasch sie Ähren ansetzten. Vor einigen Wochen konnte man noch eine Maus in der Saat huschen sehen, vor einigen Tagen war das Getreide schon brusthoch, und heute vermag ich nicht mehr, mit einem anderthalb Meter langen Stock die Ähren zu erreichen. Die Fruchtbarkeit des jungfräulichen Urwaldbodens ist staunenswert!

Am 8. Februar richteten wir eine fünfzehn Meter hohe Flaggenstange auf, und als die ägyptische Flagge aufgezogen wurde, gaben wir einundzwanzig Ehrenschüsse ab.

Kaum war die kleine Feierlichkeit beendet, da wurde in der Nähe ein Schuss abgefeuert, und der Posten aus dem Turme meldete, dass aus Richtung Ipoto eine Karawane in Sicht sei.

Unsere zurückgebliebene Kolonne hatte uns glücklich erreicht!

Dr. Parke war der Erste, der eintraf. Er sah wohl aus und hatte die Strapazen des Marsches gut überstanden. Eine Stunde später kam ein Greis — — Nelson! Er war vorzeitig gealtert, seine Züge waren gefurcht, sein Rücken gekrümmt, sein Leib abgezehrt, seine Beine so schwach wie die eines achtzigjährigen Mannes.

Nun war des Fragens und Erzählens kein Ende. Und von der Vergangenheit schweiften unsere Gedanken in die Zukunft ... Wann würde uns ein gütiges Schicksal das Ziel unserer Wünsche erreichen lassen?

15. Im innerafrikanischen Urwald.

Wir saßen in unserer Feste, und ringsum klagte und jubilierte, brauste und schwieg der Urwald. Sind Worte imstande, ein Bild des unermesslichen Urwaldes von Innerafrika vorzuzaubern?

Man denke sich das gesamte Gebiet von Deutschland und Österreich, mehr als 83000 Quadratkilometer, mit Bäumen von sechs bis sechzig Meter Höhe bewachsen; Stamm neben Stamm strebt zum Himmel empor, einer stärker als der andere. Die Baumkronen sind so fest ineinander verwebt, dass sie das Tageslicht abblenden. Von einem Baum zum andern laufen Taue von etwa 40 Zentimeter Durchmesser. Lass diese Girlanden üppig blühen und Blätter treiben, mit dem Blattwerk der Bäume sich ineinander ranken, lass von den höchsten Zweigen die Taue mit den ausgefransten Enden, den Luftwurzeln dieser Schmarotzer, bis beinahe auf den Erdboden herabfallen, lass Ranken herabhängen mit offenem Faserwerk an den Enden, Troddeln gleich! Wirf alles kunterbunt durcheinander, so wirr wie möglich, binde in jede Astgabel und aus jeden horizontal stehenden Ast kohlähnliche Baumschmarotzer von gigantischen Ausmaßen, pflanze dazu Kräuter mit breiten, speerförmigen Blättern, etwa die Elefantenohrpflanze, dazu Orchideen und Gruppen pflanzlicher Wunderwerke! Und vergiss nicht, einen reichen Schmuck zarter Farne in die Wirrnis zu streuen! Nun bedecke Baum, Ast, Gezweig und Schlinggewächs mit dickem Moos wie mit einem grünen Pelz! Lass auf dem Boden des Waldes dichtes Phryniumgesträuch, Amomum und zwerghaftes Gebüsch wachsen!

Das ist der Urwald! Wo aber der Blitz die Krone eines stolzen Baumes zerspellte, einen Waldriesen bis zu den Wurzeln hinab zersplitterte, wo ein Wirbelsturm Bäume entwurzelte, dort schießen ungezählte junge Stämme im Wettlauf um Luft und Licht in die Höhe, drängen sich, brechen sich, treten sich und ersticken einander, bis das Ganze ein undurchdringliches Dickicht bildet.

Dort steht im Zwielicht eine Gruppe von Bäumen, grau und feierlich wie die Säulen einer Kathedrale, und in der Mitte erhebt sich ein dürrer nackter, weißgebleichter Patriarch, um den sich eine Gemeinde gebildet hat. Junge Bäume klimmen empor und breiten sich aus, um die Erben des Gebietes von Licht und Sonnenschein zu werden, das einst dem Alten gehörte. Hier siegt die Kraft, zähes Emporstreben!

Der Tod geht durch den Wald. Er rottet aus, was untauglich und schwach ist. Infolge von Wunden, Krankheit, Verfall, Erbübeln, Altersschwäche und Unfällen müssen die Bäume sterben. Nehmen wir an, ein Häuptling unter den Waldriesen gebärde sich wie ein anmaßender Enaksohn. Er überragt um Kopfeslänge seine Gefährten, er ist im Meilenkreise der Herrscher. Aber o weh — sein Stolz zieht den Blitz an, der ihn bis zu den Wurzeln zersplittert!

Er stürzt, sinkt hin und verwundet bei seinem Fall ein Dutzend anderer aufstrebender Bäume. Das ist der Grund, dass man so viele missgestaltete Bäume sieht, mit geschwulstartigen Auswüchsen und großen, kropfförmigen Anschwellungen. Haben die Baumriesen die Schmarotzerpflanzen überlebt, von denen sie erstickt werden sollten, dann kann man die tiefen Einschnitte. Die Zeichen des kräftigen Druckes bis zu den Ästen hinauf verfolgen. Einige Bäume haben andern, die stärkere Ellbogen hatten, unterliegen müssen und sind schon in unreifem Alter gestorben. Andere sind verkrüppelt aufgewachsen; die starke Krümmung des Stammes ist dadurch entstanden, dass ein schwerer Baum auf sie gefallen ist und sie schief gepreßt hat. Andere sind durch Äste, die der Sturm abriß und gegen sie schleuderte, verletzt worden und zwerghaft geblieben. Wieder andere wurden durch Nagetiere beschädigt oder in ihrer Jugend von Elefanten verbogen; die Dickhäuter haben sich gegen ihren Stamm gelehnt, um die juckende Haut zu reiben. Ebenso haben die Ameisen im Mark der Bäume Verheerungen angerichtet; einige Bäume sind auch von Vögeln angepickt worden und zeigen infolgedessen geschwürartige Anschwellungen, die große Gummitropfen ausschwitzen. Hier und dort haben herumstreifende Zwerge die Durchschlagkraft ihrer Äxte, Speere und Messer an den Stämmen versucht. Wachsen und Hinsiechen, ein ewiges Werden und Vergehen — das ist der Urwald!

Um das Bild des unbarmherzigen Waldes zu vollenden, bedecke seinen Boden dick mit Humus aus vermoderten Blättern, Stielen und Zweigen! Hier und dort lass in einem Dunst von verwesenden Schlangen, abgestorbenen Generationen von Insekten und lebenden Ameisenkolonien einen gestürzten Baumriesen liegen, halb verborgen unter dem Blattwerk junger Bäumchen, langer Efeuranken und viele Meter hoher Rotangpalmen! Jeden Kilometer weit lass einen schlammigen Fluss, einen schläfrigen Bach oder einen seichten Tümpel seine Giftgase aushauchen, bedecke die Gewässer mit Wasserlinsen, Lotos- und Lilienblättern und einem fettigen grünen Schaum, der aus Millionen von Pflanzenteilchen besteht! Bevölkere dann dieses unheimliche Buschdüster mit ungezählten Volksstämmen, die miteinander ewig im Krieg leben, obwohl sie zwanzig, fünfzig, achtzig Kilometer voneinander getrennt hausen, inmitten dieser Wildnis von gestürzten Bäumen, zwischen denen sie Bananen, Maniok, Bohnen, Tabak, Kürbisse und Melonen gepflanzt haben! Um ihre Dörfer unzugänglich zu machen, haben sie jedes Verteidigungsmittel angewandt, das die Natur den Wilden an die Hand gegeben hat. Sie haben die Äste aufgetürmt und aus den Bäumen gewaltige Verhaue hergestellt, hinter denen sie mit Köchern voll vergifteter Pfeile und mit ihren im Feuer gehärteten und mit Gift bestrichenen hölzernen Speeren im Hinterhalt liegen.

Der Urwald, das alte, vom Menschen noch nicht berührte Waldgebiet, das seit den frühesten Zeiten sich selbst überlassen blieb, um von Zeitalter zu Zeitalter zu wachsen und zu sterben, ist leicht von demjenigen Teil des

Busches zu unterscheiden, der dem Menschen einmal Schutz gewährte. Verlassene Lichtungen werden bald zu Buketten der herrlichsten Blumen. Das Amomum prangt mit seinen schneeweißen, blassrot eingefassten Blütenkelchen, eine wilde Rebe zeigt die Farbe hellen Purpurs, ein Schlinggewächs mit gefiederten Blättern überrascht durch sein braunes Blattwerk, der Pfefferstrauch mit seinen roten Schoten und der wilde Mangobaum mit Myriaden perlenartiger kleiner Blüten erregen unser Staunen, Akazien mit ihren schneeweißen Knospen, Mimosen mit ihren süß duftenden gelben Blüten verbreiten einen fast betäubenden Geruch. Für die verschiedenen Schattierungen des Grüns sorgen die Farne, die sperrigen Halme des Schwertgrases, junge Ölpalmen oder die nützlichen, breiten Blätter des Phrynium. Ein junger Feigenbaum mit silberglänzendem Stamm und breitem Geäst verflicht seine Blätter mit den zarten Blättchen der Mimose und der Rotangpalme, und am Boden sind Pflanzen mit nesselartigen Blättern und Stängeln dabei, einen Teppich zu weben, der ebenso seltsam wie schön ist. Ein alter Baumstamm, vor langer Zeit gestürzt, rasch verfallend, schwarz von Schimmel, dicht mit schwammartigen Parasiten bedeckt, in jeder Ritze und Spalte alle Arten unersättlicher Insekten beherbergend, ist schon in ein paar Wochen der Kern eines Hügels von märchenhafter Pflanzenschönheit.

Die Lichtungen, die innerhalb Jahresfrist wieder verlassen worden waren, zeigten uns die Wunder tropischen Pflanzenlebens, die unvergleichliche Fruchtbarkeit und die überraschende Mannigfaltigkeit der Pflanzenarten. Das verkohlte Balkenwerk der Hütten wurde zum Träger der Schlingpflanzen, deren lebhaft grüne Blätter bald die Hässlichkeit der Verödung verhüllten. Da die oft sechs Meter hohen Balkenstümpfe zu zweien nebeneinander standen, hatten die Pflanzen den Raum zwischen beiden ausgefüllt und sich mit andern Schlinggewächsen vereinigt, so dass auf diese Weise schattige Bogen entstanden waren, gewölbte Gänge ähnlich den Ruinen eines alten Schlosses, in verschwenderischer Pracht mit bunten, purpurfarbigen oder schneeweißen Blumen bedeckt. Die silberglänzenden Baumstämme der ehrwürdigen Riesen des Urwaldes, die verdammt waren, zerfressen zu werden und zu zerfallen, waren von Schlinggewächsen und blühenden Kräutern hundertfach umwuchert, dass sie aussahen wie mächtige Blumenkörbe, die bei plötzlichen Windstößen unzählige kleine Ranken ausstreckten und von zarten Schleiern verhüllt waren.

Aber mit der Blütenschönheit solcher Lichtungen ist es bald vorbei. Schon nach ein paar Wochen beeilen sich ganze Scharen von namenlosen Bäumen, Sträuchern und Kräutern, die Gelegenheit zur Machtentfaltung zu nützen, und viele Jahre lang vollzieht sich hier ein heißer Wettkampf um Licht und Luft. Das Unterholz wird so üppig, dass man sich nur mit Mühe, oft nur mit unsäglicher Qual hindurchschlagen kann. Man ist gezwungen, sich einen Tunnel durch die erstickende grüne Wirrnis zu hauen. Die Pflan-

Bein Tunguru am Ufer des Albertsees. Im Hintergrund die Berge von Unjoro. (S. 100)

Emin Pascha in seinem Arbeitszimmer in Wadelai. (S. 100)

zen sind so dicht miteinander verwachsen und verfilzt, dass man glaubt, man könne leichter über den Busch hinwegschreiten.

Wenn wir mit der Kolonne vorwärts marschierten oder uns für die Nacht gelagert hatten, war das Gemurmel der Stimmen meiner Leute nicht dazu angetan, die ganze Erhabenheit des Urwaldes auf uns wirken zu lassen. Wenn aber das Geräusch der Leute erstarb, wenn wir unser Elend schweigend vergaßen, dann wurde die Ehrfurcht vor dem Wald in unserer Seele wach und nahm unsern Geist gefangen. Man wurde der Großartigkeit des Urwalds, des gedämpften Lichts, sich bewusst, begriff aber kaum das seltsame Gefühl der Einsamkeit. Forschend blickte man umher, sich zu vergewissern, dass diese Einsamkeit keine Täuschung sei. Es war einem, als stünde man unter den Bewohnern einer andern Welt. Betrachtete man den schweigenden Wald, der mit so erhabener, strenger Majestät dastand, dann überrieselten einen leise Schauer der Ehrfurcht vor Gottes allgewaltiger Schöpfung. Ich würde nicht erschrocken sein, wenn ein runzliger alter Baumpatriarch mit der Würde und mit dem Ernst eines Methusalems mich angeredet oder ein starker Achilles unter den Wollbäumen, mit seinen Wurzelpfeilern fest im Boden verankert, mich verächtlich gefragt hätte, was ich in dieser stattlichen Versammlung der Könige des Waldes zu suchen habe.

Und welche Überlegungen wurden in uns ausgelöst, wenn wir über den dunkler werdenden, das herannahende Gewitter widerspiegelnden Fluss blickten und die mächtige Armee von Bäumen sahen, die starr, streng und düster das Heranbrausen des Sturms erwartete! Der Orkan ballt alle Kräfte zusammen, um zu zerstören, und der Blitz wirft seine Speere mit gezackten weißen Flammen aus der unendlichen schwarzen Schar der Wolken. Aus ihren Tiefen zuckt der Donnerkeil. Plötzlich gewahrt man, wie die Bäume, die dem Anprall des Sturmes mit ruhiger Sicherheit entgegensahen, als seien sie auf Leinwand gemalt, die Wipfel beugen. Ein allgemeines Schwanken und Schütteln folgt, gleich als hätte eine wilde Panik sie ergriffen. Sie biegen sich hierhin und dorthin, aber durch die kräftigen Stämme und die festen Wurzeln werden sie an der Flucht verhindert. Bald erholen sie sich von den ersten Schlägen und peitschen ihre Wipfel in wütenden Wogen vorwärts.

Jetzt erreicht der Krieg zwischen dem Wald und dem Sturm seinen Höhepunkt!

Legion hinter Legion ziehen die Wolken über die vom Winde aufgewühlten Wipfel hin. Es ist ein Krachen und Brüllen, ein Seufzen und Ächzen, man hört das schrille Pfeifen der Sturmgeister und das Stöhnen der geschlagenen Bäume. Die Baumkönige scheinen mit ihren peitschenden Wipfeln mächtige Streiche auszuteilen, und durch das Blattwerk geht ein Rauschen, als wollten die Blätter der ungeheuren Kraftentfaltung ihrer Herren freudigen Beifall zollen.

Der Blitz zuckt mit prächtigem Licht und verheerender Flamme, der Donner dröhnt mit betäubendem Krachen und rollt dumpf in die Unendlichkeit hinein. Die schwarzen Wolken überstürzen sich und verdunkeln das Firmament. Und während eine Wolke sich in der andern auflöst, werfen wir bei fahlem Licht einen letzten Blick auf den wilden Krieg. Wir sind betäubt von der Gewalt des Sturmes und der Wucht des Waldes, bis plötzlich die Sündflut des tropischen Regens herabstürzt. In kurzer Zeit ist der Zorn der Elemente besänftigt, und der Aufruhr des Waldes hat sich wieder in vollkommene Stille gewandelt.

16. Bei den Zwergen.

Wir vergrößerten die Lichtung rings um das Lager in Fort Bodo. Als wir entdecken mussten, dass Eingeborene in der Nähe des Forts umherstreiften und allerlei Unheil anrichteten, schickten wir Streifwachen aus, die den Wald von diesem nichtsnutzigen Gesindel säubern sollten. Bei diesen Nachforschungen entdeckten wir in einer Entfernung von kaum 172 Kilometern mehrere Zwergenlager.

Die Größe der Zwerge des innerafrikanischen Urwalds beträgt 90 bis 140 Zentimeter. Ein ausgewachsener männlicher Zwerg wiegt 40 Kilo. Sie schlagen ihr Lager in einiger Entfernung von einer Siedlung ackerbautreibender Eingeborenen auf. In der Nähe großer Lichtungen haben sich gewöhnlich 8, 10 oder 12 getrennte Gemeinden dieser kleinen Urwaldbewohner niedergelassen, die als Wambutti oder Batua bezeichnet werden und die man auch Akka nennt. Mit ihren Waffen, kleinen Speeren, Bogen und Pfeilen, deren Spitzen dick mit Gift beschmiert sind, töten sie Elefanten, Büffel und Antilopen. Sie heben Fallgruben aus, bedecken sie in geschickter Weise mit Blattwerk und streuen Erde daraus, um die drohende Gefahr den ahnungslosen Tieren zu verbergen. Sie stellen schuppenartige Bauwerke her, deren Dach an einer Ranke hängt, und breiten darunter Nüsse und Bananen aus, um Schimpansen, Paviane und andere Affen heranzulocken; bei der geringsten Bewegung schlägt die Falle zu, und die Tiere sind gefangen. Längs der Fährten der Zibetkatzen, Bandiltisse, Ichneumone und kleiner Nagetiere stellen sie Bogenfallen auf, in denen diese Tiere festgehalten und erdrosselt werden. Nicht nur nach Fleisch, Pelz und Elfenbein steht ihnen der Sinn, sie fertigen auch aus der Haut des getöteten Wilds ihre Schilde an. Der Schmuckfedern wegen fangen sie Vögel, sie sammeln im Wald Honig, bereiten mit großem Geschick Gifte, verkaufen das alles an die Eingeborenen und lassen es sich mit Bananen, Bataten, Tabak, Speeren, Messern und Pfeilen bezahlen. Sobald das Wild spärlich wird, sind sie gezwungen, sich andere Siedlungsplätze zu suchen. So führen sie ein unstetes Nomadenleben.

Sie leisten den Ackerbautreibenden auch andere Dienste. Sie sind vorzügliche Kundschafter, und dank ihrer genauen Kenntnis des Urwalddickichts ist es ihnen möglich, ihren sesshaften Freunden rasch Nachricht von dem Herannahen der Feinde oder fremder Karawanen zu geben. Sie sind gewissermaßen freiwillige Wachtposten, die die Lichtungen und Ansiedelungen betreuen. Jeder Pfad, gleichviel nach welcher Richtung er geht, führt

Bambuttizwerg

durch eines ihrer Lager; ihre Dörfer beherrschen jede Wegkreuzung. Gegen fremde, angriffslustige Eingeborene vereinigen sie sich mit ihren größeren Nachbarn und sie sind als Schützen keineswegs zu verachten. Wenn Pfeil dem Pfeil, Gift dem Gift und Verschlagenheit der Verschlagenheit gegenübersteht, dann wird sicher die Partei gewinnen, die von den Zwergen unterstützt wird. Ihre kleine Gestalt, ihre Weidmannskunst und ihre Heimtücke und Bosheit machen sie zu sehr gefürchteten Gegnern —— das wissen die ackerbautreibenden Eingeborenen sehr wohl!

Oft genug dürften sie freilich wünschen, dass die kleinen Leute sich sonstwohin begeben möchten. Da die Bevölkerung der nomadischen Zwergengemeinden oft zahlreicher ist als diejenige der Niederlassungen der Ackerbauer, sind diese Sesshaften gezwungen, für kleine und oft unzureichende Gegengaben an Pelzen und Fleisch den Zwergen freien Zutritt zu ihren Bananenhainen und Feldern zu gewähren. Die Stämme des innerafrikanischen Waldes haben viel von diesen kleinen wilden Leuten zu ertragen, die sich klettenhaft an die Lichtungen heften, ihren Nachbarn nur so lange nützen, als sie gut ernährt werden, dann sich aber durch Erpressungen und Räubereien lästig machen.

Die Zwerge bauen ihre niedrigen Hütten in einem Kreis, dessen Mittelpunkt für die Hütte des Häuptlings und seiner Familie bestimmt ist. Etwa 100 Meter vor dem Lager befindet sich auf jedem Pfad ein Schilderhaus, das für zwei der kleinen Leute gerade groß genug ist. Dort liegen sie im Hinterhalt und schröpfen die Pilger mit Zöllen. Würden etwa Eingeborenenkarawanen zwischen Ipoto und Ibwiri marschieren, so würden sie durch die Zollprellerei der Zwerge eines großen Teils ihres Eigentums verlustig gehen. Da nämlich zwischen den beiden Orten zehn Ansiedelungen liegen, so würde die Karawane zehnmal Zoll bezahlen müssen in Gestalt von Tabak, Salz, Eisen, Äxten, Messern, Speeren, Pfeilen und Ringen. Man sieht daraus, warum die Bewohner Ipotos niemals etwas von Ibwiri gehört hatten. Da sie schwere Zölle und Abgaben hätten entrichten müssen, hatten sie nie den Versuch gemacht, diese Reise von 120 Kilometern zu unternehmen und den Zwergen in die Hände zu fallen. Man begreift daher auch, weshalb im Busch so verschiedene Dialekte gesprochen werden und weshalb Gefangene nicht das Geringste über Niederlassungen wussten, die kaum 30 Kilometer von ihren Siedlungen entfernt lagen.

Das Leben in den Dörfern der Zwerge ähnelt dem der ackerbautreibenden Eingeborenen. Alle Arbeiten verrichten die Weiber; sie sammeln Brennholz und Lebensmittel, kochen und besorgen den Transport der Tauschmittel. Die Männer aber rauchen und erledigen die politischen Angelegenheiten des Stammes. Dann und wann, wenn es nötig ist, huldigen sie dem Weidwerk, sie fertigen die Fischnetze und die Fallen für das Wild. Die Knaben üben sich sehr fleißig mit Bogen und Pfeil; wir sind niemals durch ein Zwergendorf marschiert, ohne dass wir mehrere ganz kleine Bogen und Pfeile mit abgestumpften Spitzen hatten liegen sehen. Sie scheinen auch reichlichen Gebrauch von den Äxten zu machen, denn die Bäume ringsumher trugen viele geheimnisvolle Zeichen, die von dem Erproben der Äxte herrühren mochten.

Die Zwerge sind die Giftmischer des Waldes. Mit ihren aus Pflanzenstoffen hergestellten Giften töten sie Elefanten und anderes Großwild ebenso sicher, wie wir diese Tiere mit unsern knochenzersplitternden Geschossen niederstrecken. Und dass sie Elefanten und Büffel wirklich töten, beweisen die ungeheuren Vorräte von Elfenbein und die Tatsache, dass jeder erwachsene Krieger ständig einen Schulterriemen trägt, in dem Dolch und Messer zum Abhäuten verwahrt werden. Jede Mutter, die ihr Kind trägt, und jede Frau, die einen Korb schleppt, ist mit einem breiten Stirnband aus Büffelhaut versehen.

Das Gift darf nicht im Dorf bereitet werden; um Unglücksfälle zu verhüten, wird es im dichtesten Gebüsch gebraut. Dort wird es auf die eisernen und auf die aus hartem Holz geschnitzten Pfeilspitzen dick aufgestrichen.

In der Nähe von Fort Bodo verschwanden während meiner Abwesenheit zwei Mann, und es gelang uns nicht, eine Spur der beiden zu entdecken. Mit Sicherheit ist anzunehmen, dass sie von den Zwergen zu Gefangenen gemacht wurden. Es war uns ganz unmöglich, über das Schicksal der beiden etwas zu erfahren. Aber wir gaben den Zwergen einen gehörigen Denkzettel. Wir vertrieben sie, diese gefährlichen kleinen Giftschlangen des Urwaldes.

17. Die Begegnung mit Emin-Pascha.

Am 2. April 1888 marschierten wir aus den Toren des Forts Bodo, um zum zweiten Mal den Versuch zu machen, Emin aufzufinden und das ihn umgebende Dunkel aufzuhellen.

Wir hatten das Stahlboot in seine zwölf Teile zerlegt, mussten aber leider die Erfahrung machen, dass Bug und Heck so breit waren, dass wir mit Axt und Haumesser schwere Arbeit zu leisten hatten, um uns einen Weg zwischen den Bäumen hindurch zu bahnen. Die mit Kisten, Ballen und sonstigem Gepäck beladenen Träger der wie immer im Gänsemarsch ziehenden Kolonne fanden keine, besonderen Schwierigkeiten, aber die Enden des Bootes klemmten sich so oft zwischen den Urwaldriesen fest, dass wir immer wieder zur Umkehr gezwungen wurden und uns eine andere Gasse brechen mussten. Ich musste also damit rechnen, dass der zweite Vormarsch zum Njansa einige Tage länger in Anspruch nehmen würde, als ich angenommen hatte.

Unsere Vorhut, die alle Schliche und Listen der Eingeborenen genau kannte, spürte manchen geschickt auf den Weg gesteckten Holzsplitter auf, der, mit Gift beschmiert und mit Widerhaken versehen, der Opfer wartete. Diese verbrecherischen Anschläge der Zwerge des Urwaldes waren uns wohlbekannt, und in der Erfindung neuer Listen waren die Eingeborenen zum Glück nicht so erfahren, dass sie uns hätten überraschen können.

Nach überaus beschwerlichem Marsch kamen wir am 8. April aus dem Urwalddickicht ins freie Land. Es war der 289. Tag, den Dr. Parke im Walde verlebt hatte. Das plötzliche Heraustreten aus der traurigen Schattenwelt in den Sonnenschein, der Übergang vom Buschdüster zur grünen Erde und dem leuchtenden Himmelsgewölbe verfehlten nicht ihre Wirkung auf die Nerven meines treuen Gefährten: er zitterte vor Freude!

In Besse, dem ersten Dorf des Graslandes, hatten wir ein interessantes Gespräch mit einem Eingeborenen.

„Wir sind ganz überzeugt", sagte dieser, „dass die Schwarzen unter euch auch Geschöpfe sind wie wir. Aber sagt, was ist es mit euren weißen Häuptlingen? Woher kommen sie?"

Einer unserer Leute erwiderte:

„Die Gesichter unserer Häuptlinge ändern sich mit jedem Mondwechsel. Ist der Mond voll, dann sind ihre Gesichter genau so schwarz wie eure. Sie sind anders als ihr, weil sie vom Himmel zur Erde kamen."

„Wahrhaftig, so muss es wohl sein", sagte der Schwarze und bedeckte starr vor Staunen mit der Hand den weit aufgesperrten Mund. Wir weihten ihn und seine Landsleute in Sinn und Ziel unserer Expedition ein und sagten ihm, wir seien gekommen, einen weißen Häuptling aufzusuchen, der vor Jahren irgendwo in der Nähe des Njansa gewesen sein müsse.

„Habt ihr etwa von einem solchen weißen Manne gehört?"

Einer erwiderte eifrig:

„Ja, ungefähr vor zwei Monaten kam ein weißer Mann, den wir Malleju, den Bärtigen, nannten, in einem riesengroßen Kanu aus Eisen über den See gefahren. O, wie sein Kanu schwamm! In der Mitte stand ein großer schwarzer Baum, aus dem Rauch und Feuerfunken kamen. Es waren viele fremde Leute an Bord. Ziegen liefen auf dem Kanu herum wie auf dem Dorfmarkt. Wir hörten auch Hühner gackern und Hähne krähen wie auf den Hirsefeldern. Malleju fragte nach einem seiner weißen Brüder. Dann fuhr er wieder auf feinem Kanu fort, das so viel Rauch aufsteigen ließ, als stünde es in Brand. Zweifelt nicht, ihr werdet ihn finden! Schickt Läufer nach dem See, die alles auskundschaften werden, was ihr wissen wollt!"

Das war die erste Nachricht über Emin-Pascha! Das war nach mancher herben Enttäuschung die erste Freudenbotschaft. Die zweite ließ nicht lange auf sich warten.

* * *

In der Frühe des nächsten Tages erschien mit einer stattlichen Zahl von Begleitern Häuptling Masamboni, dessen Leute uns vor Wochen so arg zugesetzt hatten. Er wurde mit allen Beweisen der Hochachtung ins Lager geleitet, die Offiziere verbeugten sich höflich zu seiner Bewillkommnung. Zur Bequemlichkeit des erhabenen Gastes wurden unter einem Baum die besten Matten ausgebreitet, meine Sudanesen ließen auf ihren Elefantenhörnern die einschmeichelndsten Weisen erschallen. Nichts war unterlassen worden, um die dunklen Züge des innerafrikanischen Machthabers durch gute Laune, Vergnügen und Vertrauen aufzuhellen.

Masamboni nahm alle Beweise unserer Ergebenheit als etwas ganz Selbstverständliches hin und begrüßte uns weder mit einem Wort nach mit einem Lächeln. Als er Platz genommen hatte, begann er in behäbiger Breite zu sprechen. Er beschrieb, welche Wirkung das Herannahen meiner Kolonne im Dezember hervorgerufen habe und welche voreiligen Beschlüsse sie gefasst hätten. Als sie erfahren hätten, weiße Männer befänden sich unter uns, sei ihnen zum Bewusstsein gekommen, sie hätten uns mit den fortgesetzten Feindseligkeiten unrecht getan; doch seien die jugendlichen Krieger seines Stammes zu ungestüm gewesen und hätten die alten überstimmt. Als sie uns vom Njansa nach dem Wald hätten zurückkehren sehen, da wären sie über unsere friedlichen Absichten nicht mehr im Zweifel gewesen. Und als sie vor Kurzem gar gehört hätten, Malleju, der weiße Häuptling in dem Rauchkanu, habe nach uns gefragt, da seien sie überzeugt gewesen, dass von uns kein Unrecht zu befürchten sei.

„Wenn ihr unsere Freundschaft sucht," fuhr Masamboni fort, „dann sollt ihr sie haben! Wenn sich mein Blut mit dem eures Häuptlings vermischt, dann werden wir ein Volk sein. Dann soll nie wieder eine Wolke zwischen uns kommen! Habe ich gut gesprochen, ihr Krieger?"

„Du hast gut und wahr gesprochen!", murmelte Masambonis Umgebung.

„Soll Masamboni ein Sohn Bula Mataris sein?"

„Ja, er soll es!"

„Soll wahrer Friede zwischen uns und den Fremden sein?"

„Ja!", rief die erregte Menge.

Dann fassten sich Masamboni und Leutnant Jephson, mein „Sohn", über ihren gekreuzten Knien kreuzweise bei den Händen; schwarze Medizinmänner brachten ihnen Schnitte an den Armen bei, bis das Blut aus den Adern tropfte und an den Knien hinablief. Dabei stieß der diensttuende Zauberer die grässlichsten Verwünschungen aus:

„Verflucht, wer sein beschworenes Gelübde bricht! Verflucht, wer im geheimen Haß nährt! Verflucht, wer am Tage des Kriegs seinen Bruder verleugnet! Verflucht, wer seinem Freunde, dessen Blut mit seinem eigenen eins geworden ist, Böses rät! Möge die Krätze ihn zum Schreckbild machen! Möge sein Haupthaar durch die Räude verloren gehen! Möge die Natter ihn auf seinem Pfade erwarten und der Löwe ihm begegnen! Möge der Leopard in der Nacht sein Haus belagern und sein Weib ergreifen, wenn es Wasser vom Brunnen holt! Möge der Pfeil mit seinen Widerhaken ihm in die Eingeweide dringen und der scharfe Speer sich in seinem Blut färben!

Mögen ihm am Tag des Kampfs die Beine fehlen und seine Arme durch Krämpfe steif werden!"

In dieser Weise gingen die Verwünschungen weiter, bis jedes Übel und die gefürchtetsten Krankheiten angerufen waren. Dabei schüttelte der Zauberer unter Grimassen seine mit Kieselsteinen gefüllte Kalebasse und schrie seine Worte wie ein Tobsüchtiger, dass ihm Schaum auf die Lippen trat. Er machte den Eindruck eines vom Teufel Besessenen.

Damit war unsere Blutsbrüderschaft besiegelt. Masamboni ist zwar unstreitig der oberste Häuptling des Gebietes von Undussuma, das zwischen dem großen Wald und dem Albertsee liegt und sich auf etwa 30 Kilometer in die Länge erstreckt, aber er scheint sich an eine überlieferte, ungeschriebene Verfassung zu halten. Die Minister sind seine hervorragendsten Verwandten, und ihre Stimme ist offenbar in der inneren und in der äußern Politik ausschlaggebend.

Ein Charakterzug aller der Häuptlinge, die wir bisher kennengelernt hatten, und auch ihrer Untertanen war eine unverschämte Bettelsucht und unersättliche Habgier. Die Erzielung und Aufrechterhaltung des Friedenszustandes ist ihnen allen nur ein Mittel, noch mehr aus dem Fremden herauszupressen. Selbst jetzt nach der zeitraubenden, umständlichen Zeremonie der Blutsbrüderschaft konnte ich von Masamboni für ein überreichliches Geschenk nicht mehr erhalten als ein Kalb und fünf Ziegen.

Von Masamboni mit Führern versehen, marschierten wir am 16. April ostwärts in das Dorf Gaviras, des Häuptlings der Bavira, wo wir am 12. Dezember 1887 nach einem fürchterlichen Tag gelagert hatten. Jetzt bildeten wir eine friedliche Prozession, die etwas von einem Triumphzug hatte. In jedem Dorf, durch das wir marschierten, kamen die Krieger heraus und riefen uns freundliche Worte der Begrüßung zu, und die Frauen empfingen uns mit lautem freudigem Lu-lu-lu-Rufen.

Als Gavira, ein fröhlicher kleiner, aber recht geiziger Mann, in meinem Lager umhergeführt wurde, fiel ihm ein kleiner Spiegel in die Hand. Über das nie gesehene Wunderwerk gerieten der Häuptling und seine Begleiter in größte Aufregung und Furcht. Als sie ihre eigenen Gesichter sich widerspiegeln sahen, glaubten sie, ein feindlicher Stamm dringe aus der Erde gegen sie vor, und schnurstracks liefen sie davon, um sich in sichere Entfernung zu bringen. Da wir uns nicht rührten, blieben sie etwas beruhigt stehen, um dann vorsichtig auf den Fußspitzen näherzukommen. Endlich getrauten sie sich, in den Spiegel hineinzuschauen.

„Die Gesichter sehen ja wie die unsern aus!", flüsterte einer dem andern zu. Ich erklärte ihnen, das was sie sähen, sei das Spiegelbild ihrer eigenen außerordentlich einnehmenden Züge. Bei diesem Kompliment erglühte der Häuptling dunkelrot vor Stolz und Bescheidenheit.

Als ich sah, dass man Gavira den Spiegel anvertrauen konnte, ohne seine Nerven zu gefährden, gab ich ihm das Wunderding in die Hand. Bald brach die menschliche Eitelkeit durch, und sie konnten sich nicht genug tun, sich recht genau anzusehen. Eine Frage plagte sie:

„Woraus kann das wundervolle Ding gemacht fein? Es sieht aus wie Wasser, ist aber nicht weich und unten ist es schwarz!"

* * *

Ich richtete den Marsch nordostwärts nach dem Dorfe Kaballi. wo sich, wie das Gerücht ging, ein von Malleju, dein Bärtigen, zurückgelassenes geheimnisvolles Paket befinden sollte.

Auf dem Weg durch das lachende Land mit seinen zahlreichen Viehherden, überall begrüßt von den freundlichen Eingeborenen, musste ich lebhaft an die trüben Tage denken, als ich mit den Meinen durch die lärmenden Kriegerscharen der Bavira und ihrer Nachbarn dringen musste und lange Pfeile toddrohend zu unserm Empfang durch die Luft schwirrten. Heute hatte ich Hunderte dieser Bavira mit mir, und freiwillige Träger sahen es als eine Ehre an, denselben Männern zu dienen, gegen die sie vor ein paar Monaten unbarmherzig angestürmt waren.

Bald nach der Ankunft meiner überaus stattlichen Heerschar vor Kavalli, dem Sitz des Häuptlings, erschien dieser. Er war ein stattlicher, schlanker junger Mann von regelmäßigen Zügen; er legte ein sehr gemessenes Benehmen an den Tag. Ich fragte ihn nach Mallejus Paket. Er zog es hervor und gab es mir mit dem Bemerken, im ganzen Lande hätten nur seine beiden jungen Leute gewusst, wo das Paket sei; ob er es nicht sehr gut gemacht habe, das Paket so geheim zu halten.

Was enthielt das Paket? Aus mehrfacher Öltuchumhüllung kam ein Brief zum Vorschein, ein Brief Emin-Paschas! Der Brief war am 25. März 1888 in Tunguru am Nordende des Albertsees geschrieben. Emin teilte mit, er habe das Gerücht vernommen, dass Weiße im Süden des Njansa erschienen seien. Er sei auf seinem Dampfer soweit als möglich gefahren, aber die Bevölkerung sei in großer Furcht vor den Warasura, so dass alle Nachrichten ängstlich geheim gehalten würden.

Emin bat den Empfänger des Briefes, zu bleiben, wo er gerade sei, und ihm durch Brief oder durch einen verlässigen Boten Nachricht zu geben. Mit dem Dampfer werde er zur Abholung kommen. Vor allem aber solle man sich vor Kabregas Leuten hüten.

Meine Leute waren, als ich ihnen den Brief übersetzte, rein närrisch vor Freude, und die Eingeborenen von Kavalli nahmen lebhaft Anteil, um so mehr als das von ihrem Häuptling so eifersüchtig gehütete Paket die Ursache des Glückes war. Viele Häuptlinge brachten unentgeltlich Lebensmittel. Milch lieferten die Wahumahirten täglich in einem kunstvoll geformten Gefäß. Am 20. April gab ich Jephson, der mit dem Stahlboot „Advance" zum Pascha fahren sollte, einen längeren Brief an Emin mit, in dem ich unsere Erlebnisse in kurzen Zügen meldete und ihm die Vorschläge der ägyptischen Regierung übermittelte. Am 29. April erschien ein Eingeborener vor mir und brachte ein Schreiben Jephsons vom 23. April. Darin teilte dieser mit, er habe Msua, eine Station Emins, wohlbehalten erreicht, und der Kommandant habe durch einen Boten Emin von unserm Eintreffen am See in Kenntnis gesetzt.

Milchgefäß der Wahuma

Am Nachmittag saß ich vor dem Eingang meines Zeltes am Albertsee, als ich am Horizont anscheinend ein Kann auf den Fluten erscheinen sah. Mein Feldstecher zeigte mir, dass es ein viel größeres Fahrzeug sein müsse. Dunkle Rauchwolken stiegen auf — es war ein Dampfer! Drei Kilometer von uns entfernt ging er in der Nähe einer Insel vor Anker.

Ich schickte zuverlässige Boten am Strand entlang, damit sie den Leuten an Bord unsere Ankunft mitteilten. Sie schossen vor Freude ihre Gewehre ab, aber die Sudanesen an Bord hielten meine Leute offenbar für Söldner Kabregas und gaben Feuer.

Zum Glück wurde kein Unheil angerichtet. Man erkannte an Bord, dass wir Freunde seien. Gegen 8 Uhr abends kam Emin-Pascha unter allgemeinen Freudenkundgebungen und nach wiederholter Begrüßung durch Flintenschüsse in unser Lager, begleitet von zahlreichen Offizieren.

Ehe ich fragen konnte, wer Emin-Pascha sei, trat eine kleine, zarte Gestalt auf mich zu und sagte in vorzüglichem Englisch:

„Ich bin Ihnen vieltausend Dank schuldig, Herr Stanley, und weiß wirklich nicht, wie ich Ihnen den Dank aussprechen soll!" Es war Emin-Pascha.

Wir saßen am Eingang des Zeltes; ein Wachslicht erhellte die Szene. Ich hatte erwartet, einer großen hageren Gestalt von militärischem Aussehen vorgestellt zu werden, einem General, bekleidet mit einer abgetragenen ägyptischen Uniform, und vor mir stand ein kleiner, schmächtiger Mann mit einem gut erhaltenen Fes und einem schneeweißen Anzug aus Baumwollstoff. Ein dunkler, graugesprenkelter Bart umrahmte das Gesicht, in dem keine Spur von Krankheit und Sorge zu sehen war; es deutete vielmehr eine gute Körperbeschaffenheit und ein friedliches Gemüt an.

Neben den strammen Gestalten der Begleitmannschaften Emins erschienen meine Sansibarleute als eine erbärmliche Söldnerhorde. Aber ich schämte mich ihrer nicht. Sie hatten unerhört Schweres überwunden, Übermenschliches geleistet. Hatten sie nicht ihre letzten Kräfte darangesetzt; ich hätte jetzt Emin-Pascha nicht dreißig Kisten Remingtonpatronen übergeben können.

Emin lud mich ein, mit ihm an Bord des Dampfers zu gehen. Er bewirtete mich mit in Sirup gebackenem Hirsekuchen und einem Glas frischer Milch. Meiner Truppe hatte er Ochsen, Milchkühe, vierzig Schafe, Ziegen und Hühner mitgebracht, dazu mehrere Tausend Pfund Getreide.

Eine kurze Schilderung der Ereignisse aus unserm Marsch durch den Urwald, Betrachtung der politischen Lage in Europa, der Verhältnisse in der Äquatorialprovinz und eine kurze Aussprache über persönliche Angelegenheiten nahmen den größten Teil der ersten Stunden des Beisammenseins in Anspruch. Um unsere glückliche Zusammenkunft zu feiern, entkorkte ich eine Flasche Sekt, das Geschenk eines englischen Freundes.

Ich hatte Emin-Pascha drei Vorschläge zu überbringen. Auf Grund eines Schreibens des Khedive Tewfik konnte der Pascha in Verbindung mit mir versuchen, nach Norden abzuziehen und bis Kairo zu gelangen. Der zweite Vorschlag kam von König Leopold II. von Belgien, dem Souverän des Kongostaats. Er ging dahin, Emin möge seine Provinz Äquatoria so lange zu halten suchen, bis der Kongostaat dort offiziell die Herrschaft übernehmen könne; dafür wurde dem Pascha die Stellung als Gouverneur des Kongostaates im Range eines Generals mit einem Jahresgehalt von 30000 Mark versprochen. Wenn aber die Zustände in Emins Provinz unhaltbar wären, dann kam der von der neu gegründeten Englisch-Ostafrikanischen Gesellschaft gemachte dritte Vorschlag in Betracht. Danach sollte der Pascha mit dem treu gebliebenen Rest seiner Offiziere und Truppen und dem in seinem Besitz befindlichen Elfenbein nach der Nordostecke des Viktoria-Njansa marschieren und sich dort ansiedeln.

Ich bat den Pascha zu entschuldigen, dass ich ihm die drei Vorschläge so breit auseinandergesetzt habe.

Emin erwiderte, er könne sich nicht entschließen, nach Norden, nach Ägypten abzuziehen. Vielleicht würden ihm die Ägypter folgen, aber nimmermehr die aus Eingeborenen bestehenden Truppenteile, die in der Äquatorialprovinz ein glückliches, freies Leben führten. Und diese ihm vertrauenden Leute ihrem Schicksal, dem sicheren Untergang, zu überlassen, könne er sich nicht entschließen.

Zum Vorschlag des Königs Leopold bemerkte Emin:

„Ich kann meine Flagge nicht in solcher Weise streichen. Ich habe vor allem Pflichten gegen Ägypten, dessen Beamter ich bin. Ich kann nicht ein-

Aufstieg zum Albertsee nach Kavalli. (S. 105)

Der Ruwenzori vom Grasland aus. (S. 108)

fach die rote Flagge meines Landes mit der blauen des Kongostaates vertauschen. Ägypten habe ich mehr als zwanzig Jahre gedient, die Flagge des Kongostaates sah ich nie. Nein, bei aller Dankbarkeit gegen König Leopold, aber seinen Vorschlag kann ich nicht annehmen.

„Nun zu Ihrem dritten Vorschlag! Gewiss, es ist möglich, dass meine Leute nichts dagegen haben, mit mir nach dem Viktoria-Njansa zu gehen. Ich glaube, ihr Widerstand richtet sich nur gegen den weiten Marsch nach Ägypten. Gewiss, der Marsch ist nur kurz, aber —"

„Sie müssen," fiel ich dem Pascha in die Rede, „wenn Sie in Afrika bleiben wollen und König Leopolds Anerbieten ablehnen, mir vertrauen, dass die Englisch-Ostafrikanische Gesellschaft Sie und Ihre Leute am Viktoria-Njansa schützen wird".

Emin gab keine Antwort. Wie es seine Art war, klopfte er sich aufs Knie und lächelte still vor sich hin, als wollte er sagen: „Wir werden ja sehen."

Durch die Unterredung hatte ich in großen Zügen Klarheit gewonnen über die Richtung des Abzugs, die Emin mit seinen Getreuen einschlagen würde. Endlich konnte ich daran gehen, meine Anordnungen für den glücklichen Abschluss des Rettungsunternehmens zu treffen. Zunächst galt es, sich mit der in Fort Bodo stehenden Abteilung iu Verbindung zu setzen, und dann musste ich auch die noch irgendwo tun Aruwimi befindliche Nachhut an mich ziehen. Beim Pascha in der Äquatorialprovinz ließ ich als meinen Vertrauensmann Herrn Mounteney Jephson zurück, den der Drang nach Abenteuern zum Anschluss an meine Expedition veranlasst hatte.

* * *

Am Morgen des 24. Mai 1888 trat ich in aller Frühe, als noch der Morgennebel wie eine weiße Decke aus der weiten Seefläche lag, mit meinen Leuten zum letzten mal den Marsch in den innerafrikanischen Wald an. Wir waren knapp eine halbe Stunde marschiert, da schmetterten laute Fanfaren, und heftiges Schießen begann. Es war der Abschiedsgruß Emins, der mit seinen Leuten vor Sonnenuntergang ausgerückt war. Noch einmal sprach er mir den innigsten Dank aus für all die Mühe, die ich am seinetwillen aus mich genommen; dann bot er mir ein herzliches Lebewohl.

Ich war nicht weit vorn Seeufer entfernt, als mein Blick auf eine seltsam geformte, silberglänzende Wolke in Südwest fiel. Sie glich ganz einem mit Schnee bedeckten ungeheuren Berg. Der Fuß, tief blauschwarz, sah fast wie eine drohende Gewitterwolke aus. Er schien die Öffnung zu versperren, die fern im Süden das Hochland von Unjoro von der westlichen Hochfläche trennt, die den Rand des großen innerafrikanischen Waldes bezeichnet. Zwei Sklaven des Häuptlings von Kavalli erzählten mir, der Berg, der über 100 Kilometer entfernt sein musste, sei mit einer felsenähnlichen weißen Masse bedeckt. Wie sich später herausstellte, war es der mächtige Ruwenzori, der zwischen dem Albert- und dem Albert-Eduard See seine Firnhäupter über 5000 Meter hoch erhebt, der dritthöchste Berg des dunkeln Erdteils.

18. Ein abenteuerlicher Kriegstanz.

Am Nachmittag des 26. Mai kamen meine Botschafter und teilten mit, dass die beiden mächtigen Häuptlinge Kadongo und Musiri Waffenbrüderschaft geschlossen hätten, um mit ihren verbündeten Scharen uns aufzulauern und anzugreifen. Das war eine neue Hiobspost. Denn ich hatte nur noch 111 Gewehre und für jedes nur 10 Patronen. Wären wir also im offenen Land einem entschlossenen Angriff ausgesetzt worden, so würden wir schon nach kurzer Zeit völlig hilflos gewesen sein.

Emin-Pascha schickte 82 Träger und Begleitmannschaften. Dann bat ich Kattto, sofort seinem Bruder Masamboni mitzuteilen, dass Kadongo und Musiri sich gegen uns verschworen hätten. Er solle mir sofort so viel Krieger herführen, als er mobilmachen könne. Übermorgen wollte ich einen entschlossenen Angriff wagen. Schon am nächsten Tag, eine Stunde nach Sonnenuntergang, traf Masamboni selbst mit etwa tausend bewaffneten Kriegern ein, mit Bogenschützen und Speerträgern.

Um drei Uhr morgens brachen wir nach Nordwesten aus. Unsere Straße war vom Mond hell beschienen. Tiefstes Schweigen herrschte. Hundert der kühnsten Leute der Truppe Masambonis marschierten der Kolonne voran.

Um sechs Uhr morgens wurde ausgeschwärmt und eine Schlachtfront gebildet. Trommeln und Hörner gaben das Signal zum Vormarsch gegen die Dörfer der Feinde. Aber das Ergebnis dieser strategischen Maßnahmen war überaus kläglich, um nicht zu sagen lächerlich. Wir hatten mit dem einen Umstand nicht gerechnet, dass die Hirten unserer Freunde und der Feinde einem und demselben Stamm, den Wahuma, angehörten. Diese Wahuma sind echte Abkömmlinge der Äthiopier, die vor vielen Tausend Jahren auf der Suche nach Weideland aus dem Osten Afrikas nach Westen vordrangen. Sie unterscheiden sich durch ihren hohen Wuchs, ihre helle Farbe und ihre wohlgestalteten Züge sofort von den Negertypen der Ureinwohner. Durch die miteinander befreundeten Wahuma unserer Anhänger und der Feinde waren meine Pläne verraten worden. Kadongo und Musiri hatten ihre Dörfer geräumt, die Rinder- und Schafherden weggetrieben, die Hühner flugs geschlachtet. Nur ihre Speicher mit beträchtlichen Vorräten an Getreide, Mais, Bohnen, Gemüse und Tabak hatten sie nicht rechtzeitig in Sicherheit bringen können. Für unsere Leute gab es ein paar Tage zu schmausen.

Ich freute mich über den unblutigen Erfolg dieses Tages, denn Munitionsersparnis war für uns eine Lebensfrage. Die Krieger Masambonis feierten ihren „Sieg" über Musiri mit einem großartigen Phalanxtanz und bereiteten mir damit ein köstliches, reizvolles Schauspiel.

Afrikanische Eingeborenentänze bestehen meist aus roher Possenreißerei, närrischen Gesten, tollem Umherspringen mit allerhand Gliederverrenkungen, zu denen Trommeln den Takt schlagen. Der Tanz ist immer von Lärm und lautem Gelächter begleitet. Aus den im Halbkreis stehenden Dorfbewohnern treten zwei Mann vor und singen beim Schall der Trommel oder bei Hörnerklang und unter allgemeinem rhythmischem Händeklatschen ein Duett, oder es trägt ein Eingeborener, phantastisch mit Hahnenfedern, kleinen runden Schellen und größeren Mengen von Menschen-, Affen- und Krokodilzähnen geschmückt, einen Sologesang vor. Da kommt es weniger auf die Melodie an als auf das Klappern und Klirren des Tanzgeschmeides. Es gehört aber zu solchen Tanzspielen unbedingt ein·Chor; je wilder dieser sich gebärdet, desto besser. Ich muss bekennen, dass es mir immer ein Vergnügen gewesen ist, wenn Männer, Frauen und Kinder mit ihren Stimmen den Schall der Trommel zu übertönen suchten und den Kehrreim der Tanzmelodie jubelnd wiederholten, namentlich, wenn die singenden Tänzer Wanjamwesi, Bewohner des Landes im Süden des Viktoriasees, waren, die bei Weitem die besten Sänger auf dem afrikanischen Kontinent sind.

Die Sansibarer, Zulus und wie die Stämme alle heißen, haben alle ihre eigenen Tänze und Gesänge, die sich in Melodie und Rhythmus erheblich unterscheiden, aber allesamt sind diese entweder melancholisch oder albern oder von einer unerhörten barbarischen Wildheit. Die Stämme um den Victoriasee sind mehr sentimental veranlagt.

Als aber unter der Führung von Masambonis Bruder Katto die hervorragendsten Krieger der Bandussuma, der Leute aus Undussuma, zum Phalanxtanz antraten, hatte ich sofort das Gefühl, dass hier etwas in Afrika Ungewöhnliches geboten würde.

Während fast ein Dutzend großer und kleiner Trommeln mit bewundernswertem Eifer im Takt geschlagen wurden und einen Lärm hervorbrachten, der meilenweit zu hören gewesen sein muss, stellten Katto und sein Vetter, mit prächtigen weißen Hahnenfedern geschmückt, 33 Linien ·von je 33 Mann auf, und zwar geometrisch so genau wie möglich in der Form eines vollkommen geschlossenen, auf der Spitze stehenden Quadrats. Die meisten Krieger hatten nur einen Speer, manche auch zwei, alle waren außerdem mit Schilden und Köchern ausgerüstet.

Die Phalanx stand wie ans Stein; die Krieger ließen ihre Speere auf der Erde ruhen, bis auf ein Trommelzeichen Katto mit tiefer Stimme einen wilden Gesang begann und bei einem hohen Ton der Melodie den Speer erhob. Sofort wuchs ein Wald von Speeren über den mehr als tausend Köpfen auf. In mächtigem Chor antworteten die Stimmen der Krieger. Die Phalanx bewegte sich vorwärts. Obwohl ich fünfzig Meter entfernt in meinem Feldstuhl saß, erdröhnte der Erdboden rund um mich her wie bei einem Erdbeben. Die Männer stampften alle mit Gewalt den Boden und machten nur ganz kurze, fünfzehn Zentimeter lange Schritte.

Langsam, aber unwiderstehlich bewegte sich die Phalanx vorwärts, die Stimmen hoben und senkten sich, die Speere stiegen in die Höhe und sanken wieder hinab, und die zahllosen blanken eisernen Spitzen blitzten, wenn sie nach dem Takte der dumpfen, aufregenden Trommelwirbel auf- und niedergeworfen wurden. Das Stimmengewirr und das Getöse der Trommeln ergänzten einander, das Heben und Senken der beständig in wirbelnder Bewegung gehaltenen Speerspitzen erfolgte in musterhafter Gleichzeitigkeit und unter gleichmäßigen Körperbewegungen der tausend Tänzer. Der harte Boden hallte wider von dem Gesang der Barden und erzitterte unter den wuchtigen Tritten der Menge.

Auch die Köpfe dieser Wilden hoben und senkten sich; sie richteten sich auf bei kraftvollem Gesang, sie neigten sich herab bei gedämpft klagendem Murmeln. Als sie, um der zunehmenden Wucht der Stimme die größte Wirkung zu geben, das Gesicht in die Höhe gerichtet und den Kopf zurückgebeugt, ein gellendes Geschrei ausstießen, das furchtbare Wut und vernichtenden Hass ausdrücken sollte, schien jede Seele von der Leidenschaft des Kampfes ergriffen zu sein. Die Augen der Zuschauer erglänzten, und die drohende Menge erhob die geballten Fäuste, als ob ihr Inneres den kriegerischen Tönen folge.

Und als dann die Tänzer die Köpfe senkten und sich zur Erde beugten, schien man den Todeskampf, den Jammer und das ganze unermessliche Elend des Kriegs zu fühlen; man dachte unwillkürlich an das Wehklagen der Witwen, das Weinen der Waisen, an zerstörte Heimstätten und vernichtete

Felder. Sobald aber die noch immer näher kommende Masse die Köpfe wieder zurückwarf, die starrenden Spitzen der Speere blitzen und zusammenschlagen ließ, hei, wie lustig wehten da die bunten Federn! Den wilden Tanzsprüngen entsprechend erscholl ein lauter, trotziger Ruf und ein so kraftvolles Jubelgeschrei, dass man vor den geistigen Augen die glorreichen Siegesfahnen sah und die jubelnde Menge, die den aus heißer Schlacht heimkehrenden, triumphierenden Kämpen das Geleit nach den heimatlichen Hütten gab.

Als die festgeschlossene Masse der Phalanx mit lautem, wildem Gesang bis nahe an meinen Sessel herangerückt war, senkte die Front ihre blitzenden, eisernen Speere zu einer geraden Linie; dreimal hoben und senkten sie dann ihre Waffen zum Gruß. Jetzt lief nach bestimmten Befehlen einer nach dem andern im Laufschritt fort, wildes Kriegsgeschrei ausstoßend. Immer mehr wuchs die Aufregung, bis das Viereck sich in drei wirbelnde Kreise verwandelt hatte und Fürst Katto nach dreimaligem Umlauf um den freien Platz sich in der Mitte aufstellte. Die in der Runde herumjagenden Reihen knäulten sich um ihn zusammen, so dass schließlich ein großer, geschlossener Kreis entstand.

Nach Beendigung dieses Manövers wurde wieder das Viereck hergestellt und das Ganze in zwei Hälften geteilt; die eine zog sich nach dein östlichen, die andere nach dem westlichen Ende des Platzes zurück. Noch immer den wildstürmischen Gesang fortsetzend, drangen sie gegeneinander vor, tänzelten mit staunenswerter Gewandtheit, ohne die geringste Verwirrung anzurichten, zwischen einander durch und nahmen die Stellung der andern Partei ein. Unter fürchterlich drohenden Gebärden folgte dem Tanzspiel ein rasches Umkreisen des Platzes, bis das Auge von neu herumwirbelnden Gestalten völlig verwirrt war. Dann suchten alle lachend und scherzend ihre Zelte auf.

Es war eines der schönsten und aufregendsten Schauspiele, die ich in Afrika je gesehen habe.

19. Die Tragödie der Nachhut.

Friedlich zog ich mit meinen Leuten durch das Land, das früher von blutgierigen Feinden wimmelte. Jetzt kamen uns Scharen Eingeborener mit Gastgeschenken entgegen. Schon am 8. Juni konnten wir der Besatzung des Forts Bodo durch Schüsse unser Herannahen ankündigen. Antwortschüsse ertöntem und schnellfüßig eilte mir Leutnant Stairs, der Befehlshaber des Forts, entgegen, hinter ihm Kapitän Nelson und Dr. Parke, um mich zu begrüßen. Und dann stürzten die Soldaten auf mich zu, laut jubelnd, mit strahlenden Gesichtern und blitzenden Augen.

Im Fort stand alles wohl. Eine reiche Maisernte war soeben eingebracht; schwer belastet mit Fruchtbüscheln standen die Bananenstauden. Wohl hatten die heimtückischen Wambuttizwerge wiederholt nächtlicherweile die Felder geplündert, aber schließlich war es Stairs gelungen, ihnen ihre Räubereien für immer zu verleiden.

Es drängte mich, nun endlich über Major Barttelot und die von ihm befehligte Nachhut etwas zu hören. Ich ahnte schweres Unheil. Aber den Weg von 1500 Kilometern von Fort Bodo nach Jambuja durch den Urwald und wieder zurück glaubte ich, nur mit Freiwilligen bewältigen zu können. In einem Schauri, einer Versammlung der Soldaten, hielt ich eine Ansprache.

„Ein Jahr ist's her, dass wir den Major und seine Leute in Jambuja zurückgelassen haben. Wo sind unsere weißen Brüder? Sind sie vorwärts marschiert? Ich weiß es nicht. Aber ich weiß, dass sie schwer zu leiden haben, und ihre reichen Schätze an Zeugen und Glasperlen können ihnen im Wald nichts helfen. Wer bereit ist, mit mir zu gehen und den Major zu suchen, der trete vor!"

Ich hatte kaum geendet, da sprangen mit dem Ruf „Auf zum Major!" 107 Soldaten vor, und nur sechs, denen man Krankheit und Schwäche ansah, blieben beschämt stehen.

Am Morgen des 16. Juni trat die Kolonne den Marsch an. Es waren über 200 Mann, einschließlich der 100 Träger und der vier sudanesischen Soldaten, die mir Emin-Pascha mitgegeben hatte. Meinem kleinen Dackel Randy wollte ich den weiten Weg nicht zumuten. Ich ließ ihn in Fort Bodo zurück. Aber als der letzte Mann im Wald verschwunden war, weigerte sich das treue Tier zu fressen, und am dritten Tag starb es, man möchte sagen, an gebrochenem Herzen.

Am 28. Juni war Nelsons Hungerlager erreicht. Wir hatten dort am 5. Oktober 1887 eine Menge Warenlasten und auch Munition vergraben, da wir sie auf dem eiligen Vormarsch zum Njansa nicht hatten mitnehmen können. Obwohl die Waren acht Monate im Sand gelegen hatten, waren sie alle, sogar die Munition, tadellos erhalten. Wir nahmen nur das Allernötigste mit und ließen das übrige in seinem Versteck.

Unser altes Lager am Ituri, gegenüber der Station Ugarrowas, erreichten wir am 13. Juli.· Aber als wir über den Fluss blickten, sahen wir den Platz verlassen vor uns liegen. Zunächst galt es zu erfahren, wohin sich Ugarrowa mit seinen Manjema gewandt hatte. Wahrscheinlich war er auf einem seiner Beutezüge, aus denen das Land in weitem Umkreis gründlich verwüstet wurde. Erst am 31. Juli, in Avisibba, wo wir im Vorjahr einen heftigen Kampf mit Eingeborenen zu bestehen hatten, lichtete sich das Dunkel über Ugarrowa ein wenig. Aus dem Dickicht trat plötzlich ein kleines, nacktes Mädchen, das uns in Kisuaheli, der Sprache der Küstenbewohner Ostafrikas, anredete: „Ist es denn wahr?!" rief sie, „ich hörte in meinem Versteck einen Schuss und sagte mir, das müssen meine Leute sein. Ich will hingehen und sie aufsuchen, denn die Heiden haben keine Gewehre."

Das Mädchen war mit fünf erwachsenen Frauen von Ugarrowa hier zurückgelassen worden. Der Häuptling sei mit seiner großen Kanuflottille vor mehr als zehn Tagen abgefahren. Die Eingeborenen seien dann herangestürmt und hätten die fünf Frauen getötet. Sie selber habe sich im Busch versteckt gehalten und habe sich von wilden Früchten und rohen Bananen genährt, da sie es nicht wagte, Feuer anzuzünden.

Erst am 10. August gelang es uns, in der Nähe der Wespenfälle Ugarrowa und seine Leute zu erreichen. Der Häuptling war ausnehmend freundlich zu mir. Sein Pulver ging auf die Neige, und er hielt es für besser, sich mit mir gut zu stellen. Meine kleine Flotte, die ich mir von Eingeborenen hatte liefern lassen, vergrößerte er, so dass ich die Landabteilung an Bord nehmen konnte. In flotter Fahrt ging es den mächtigen Aruwimi hinab. Am 17. August bogen wir in die Kurve von Banalja ein. Auch hier überall die Spuren der Vernichtung der Eingeborenendörfer. Aber um halb zehn Uhr vormittags sah ich durch den Morgennebel weit abwärts ein Dorf auftauchen, das wohl der Zerstörung entgangen war. Da war auch schon eine feste Umzäunung zu sehen. Im nächsten Augenblick blinkten weiße Gewänder, und durch den Feldstecher erkannte ich eine aufgezogene rote Flagge. Ein leichter Windstoß entrollte das Flaggentuch; es zeigte sich der ägyptische Halbmond mit dem Stern! Ich sprang auf und rief:

„Der Major! Jungens, der Major! Rudert fest!"

Lautes Geschrei und Hurra folgten. Einem Pfeil gleich flog mein Kanu dahin. Vielleicht 200 Meter vom Dorf hielten wir an. Da ich am Land eine Masse fremder Menschen sah, fragte ich:

„Wessen Leute seid ihr?"„Stanleys Leute!", riefen sie. Nun gewahrte ich in der Nähe des Tors auch einen Europäer. Es war Herr Bonny, der als Assistent des Expeditionsarztes angestellt war.

„Nun, Bonny, wie geht's? Wo ist der Major? Ist er krank?"

„Der Major ist tot, mein Herr."

„Was, tot! Wie denn? Am Fieber gestorben?"

„Nein, er ist erschossen worden."

„Von wem?!"

„Von den Manjema, von den Leuten Tippo Tips."

„Und die andern Europäer? Wo sind sie?"

„Die sind weggegangen. Der eine, um Träger zu holen, der andere, weil er krank ist, und der Dritte, weil er fort wollte."

271 Mann stark war die Nachhut, als ich sie am 28. Juni 1887 in Jambuja Major Barttelot übergeben hatte, damit er sie auf dem von mir genau be-

zeichneten Wege mir nachführe. Und jetzt, nach 14 Monaten, war man nicht weiter als 144 Kilometer, bis Banalja, vorgerückt! Kaum die Hälfte der Leute war vorhanden, und die, denen die Verantwortung übertragen war, waren tot oder hatten aus irgendeinem Grund ihren Posten verlassen.

Tippo Tip hatte sich verpflichtet, 600 Träger zu stellen. Sobald der schlaue Araber aber gemerkt hatte, dass der Major glaubte, ohne diese Träger den Marsch nicht antreten zu können, erschien ihm die vereinbarte Bezahlung zu gering. Und da seine arabischen Freunde den Vertrag überhaupt missbilligten, brach er sein Versprechen und schickte nicht einen einzigen Träger. Dagegen hatte der Dampfer „Stanley" die bestellten Waren gebracht, und nun lagerten etwa 600 Trägerlasten im Magazin der Nachhut und erweckten die Raubgelüste der Manjema.

Monat auf Monat verging, ohne dass Tippo Tip trotz aller Bitten Träger geschickt hätte. Das Gerücht verbreitete sich, die von mir geführte Expedition habe im Wald den Untergang gefunden. Schließlich entschloss sich der Major doch vorzurücken. Am 11. Januar 1888 brach die Nachhut von Jambuja auf. Über 100 Sansibarer waren gestorben. Da Barttelot wiederholt nach den Stanleyfällen am Kongo gereist war, wo Tippo Tip sich aufhielt, war die Führung der Schar Bonny überlassen worden.

Am 19. Januar, als Barttelot sich wieder im Lager befand, hörte er ein Manjemaweib, das an hysterischen Anfällen litt, in einem fort die Trommel schlagen und singen, wie sie es täglich getan hatte. Ärgerlich über die Störung ließ er ihr durch seinen Burschen den Gesang verbieten. Die Manjema nahmen für ihre Landsmännin Partei, und der Major wollte einige von ihnen verhaften lassen. Den Revolver in der Hand war er vor die Zelttür geeilt; er stieß einige der schreienden Manjema beiseite und befahl dem Weib, sofort mit Trommeln und Singen aufzuhören. Da fiel ein Schuss, und tot stürzte der Major nieder! Der Mann jenes Weibes hatte die tödliche Kugel abgefeuert.

An die Stelle Barttelots sollte Jameson treten, der aber in Bangala am Kongo einer Krankheit erlag. Es war ein Glück, dass bei der Unsicherheit über die Oberleitung der Nachhut und die zunächst auszuführenden Schritte es dem treuen Bonny gelang, Schlimmes abzuwenden. Große Opfer forderte der Tod unter den Mannschaften. Jammergestalten, zu Gerippen abgemagert, in schmutzige Lumpen gekleidet, traten mir entgegen. Welcher Gegensatz zu den Leuten, die mich zum Njansa begleitet hatten! Zwar auch sie glichen in ihrer Kleidung sehr den Waschensi, den Wilden des Urwaldes, aber Lebensmut sprühte aus ihren Augen, Gesundheit, Kraft aus jeder ihrer Bewegungen.

Es hatte schwieriger Verhandlungen mit Tippo Tip und den Manjema bedurft, bis ich endlich, am 31. August 1888, den Abmarsch nach dem Albertsee antreten konnte. Nach etwa vier Monaten, am 20. Dezember, kam die endlose Karawane aus dem Urwald heraus auf die gebahnte Straße, die auf Fort Bodo zuführte. Bei einer Wegbiegung trat eine Patrouille von Sansibarern den Nahenden entgegen. Überrascht blieben sie stehen. Da erkannten sie mich, und eine donnernde Salve tat denen im Fort kund: Bula Matari ist wieder da! In ausgelassenen Sätzen und Sprüngen eilte die Besatzung herbei.· Im Fort war alles seinen gleichmäßigen Gang gegangen, aber weder von Emin-Pascha noch von Jephson hatten sie auch nur das geringste vernommen.

Der Marsch durch den Urwald hatte meine Leute aufs Äußerste geschwächt, und ich selbst hatte nicht weniger als 15 Kilogramm Körpergewicht verloren. Da ich aber Emin bestimmt versprochen hatte, am 16. Januar 1889 wieder am See zu sein, konnte ich meinen Leuten nur wenige Tage Rast gewähren. Auch schwere Sorge um Jephson trieb mich an.

Am 23. Dezember brach die vereinigte Expedition, die aus 412 Personen, darunter 6 Weiße, bestand, von Fort Bodo aus auf. Am 10. Januar 1889 waren wir aus dem Waldesdunkel wieder, zum letzten Mal, hinausgetreten in das freie, sonnige Grasland. In freudiger Bewegung blieben die Manjema und die Leute von Banalja stehen, so mächtig ergriff sie der ungeahnte Anblick.

Die Babesse hatten mir ihre Freundschaft bewahrt. Sie nahmen mich sehr gut auf und erzählten mir, Malleju, mein „Bruder", baue unten am See in Njamsassi große Häuser und er werde nächstens mit viel Begleitern durch das Land marschieren. Masamboni berichtete mir, Malleju habe am See für Bula Matari bestimmte Felder mit Mais bepflanzen lassen und habe Leute nach Kavalli geschickt, um Nachrichten über seinen weißen Bruder einzuziehen. Ja, Buburika, der „Panther", wie Jephson scherzweise genannt wurde, sei vor ein paar Tagen selber nach Kavalli gekommen. Das waren erfreuliche Nachrichten, und frohen Herzens überließ ich meinen Leuten die beiden Rinder, die mir Masamboni als Gastgeschenk dargebracht hatte. Die Sansibarer hatten seit einiger Zeit die Gewohnheit angenommen, ihrer Freude durch Krähen Ausdruck zu geben. Jetzt krähten sie den ganzen Tag so laut wie noch nie.Nur noch einen Tagemarsch war ich vom Njansa, da brachte mir ein Bote Briefe von Emin und Jephson, die mich jäh aus aller frohen Erwartung stürzten. Es war keine Zeit mehr zum Sinnen und Grübeln! Durch Eilboten sandte ich meine Antwort an beide. Nach qualvollem Warten erhielt ich am 5. Februar 1889 von Jephson ein Billett mit der Meldung, er sei am Ufer des Sees eingetroffen. Sofort schickte ich eine Abteilung Sansibarer hinab, um den lange Vermissten zu mir nach Kavalli zu geleiten. Am nächsten Tage langte er bei mir an. Ich eilte ihm mit meinen Leuten freudig und in erwartungsvoller Spannung entgegen. Er hatte vieles zu berichten.

20. Der Umsturz in Äquatoria.

Es war ein glücklicher Gedanke von mir gewesen, Jephson dem Pascha beizuordnen. Ich gewann dadurch die Möglichkeit, einen wahrheitsgemäßen Einblick in die Zustände in der Äquatorialprovinz zu tun, und konnte danach die beste Möglichkeit der Überwindung der Schwierigkeiten ausdenken. Der arme Jephson freilich hatte, ebenso wie der Pascha, mancherlei gefährliche Abenteuer zu bestehen. Von Emin fasste er eine so hohe Meinung, dass sie mir beinahe überschwänglich erschien, und ich nannte ihn darum scherzweise einen „Eministen".

Station Msua am Albertsee.

Die Ausbreitung des Mahdismus hatte die Grenzen der Provinz Emin-Paschas eingeschränkt, und das Land war von jeder Verbindung mit dem ägyptischen Norden abgeschnitten. Die nördlichste Station war Redjaf, nachdem die Station Lado vor dem Ansturm der Derwische hatte aufgegeben werden müssen. Der Hauptort, die Residenz Emins, war Wadelai; nach afrikanischer Sitte war der Ort nach dem alten, unglaublich dicken Häuptling genannt. Ein paar Stationen hatte Emin nach Süden an den Albertsee vorgeschoben, Tunguru, wo der Weiße Nil aus dem Albertsee fließt, und weiter südlich am Westufer des Sees die Station Msua.

In allen Stationen wurde ein streng geordnetes Leben geführt. Ängstlich wurden die Tore bewacht, und größte Vorsicht war beim Umgang mit Feuer zur Pflicht gemacht. Abends um neun Uhr mussten alle Feuer und Lichter gelöscht sein. Da in den Stationen nur Holzbauten standen, war die Vorsicht sehr am Platz; 1887 war die ganze Residenz Wadelai infolqe leichtsinnigen Gebarens mit Feuer niedergebrannt. Der Diwan, das Regierungsgebäude des Paschas, war eine einfache Bambushütte. Emin hauste dort in seiner bescheidenen Weise mit einem reizenden vierjährigen Töchterlein namens Ferida; die Mutter, eine Abessinierin, war vor ein paar Jahren gestorben. Ferida war ein munteres Kind, das die zärtliche Liebe des Vaters, dem sie sehr ähnlich sah, mit großer Anhänglichkeit vergalt; für ihr Alter war sie ausnehmend klug. Der Pascha sagte öfter: „Das Kind ist jetzt alles, was mir auf der Welt noch geblieben ist."

In der Abgeschlossenheit der Stationen musste sich der Gedankenkreis verengern, und es bot sich dort ein überaus günstiger Boden für abenteuerliche Gerüchte. Im Frühjahr 1888 hatte sich die Kunde vom Eintreffen einer Expedition verbreitet, die den Pascha abholen sollte, und als Jephson im Sommer mit Emin in den Stationen erschien, gab es überall das größte Aufsehen.

Emin suchte nach all den Nerven anspannenden Ereignissen die ihm so nötige Ruhe im Frieden seiner malerisch gelegenen Residenz. Doch bald sollte er von einer Aufregung in die andere gestürzt werden.

Die regulären Streitkräfte seiner Provinz verteilten sich auf zwei Bataillone. Die Soldaten waren Eingeborene aus den nächstliegenden Gebieten. Unter dem strengen aber gerechten Regiment des Paschas ging es ihnen allen gut; sie hatten Frauen und Sklaven, lebten ohne Sorgen und bauten unbedingt auf Emin. Aber unter den Offizieren, namentlich unter denen des ersten Bataillons, das im Norden, in der Station Redjaf, zusammengezogen war, gab es böse, verbrecherische Elemente. Die ägyptische Regierung hatte Äquatoria als eine Art Sibirien behandelt und hatte sieh nicht gescheut, sogar Mörder und Brandstifter dem Pascha als Offiziere und Beamte beizugeben. Kein Wunder, dass unter diesen Offizieren schon während des Beginns der mahdistischen Bewegung die Absicht laut wurde, ihren Gouverneur gefangenzunehmen, ja ihn zu beseitigen, um die sehnlich gewünschte Räuberfreiheit zu gewinnen. „Diese Leute brauchen den Stock." sagte ein wackerer schwarzer Offizier zu Jephson, „und den haben sie vorn Pascha nie bekommen." Das Gerücht vom Herannahen der Entsatzexpedition machte die Rebellen stutzig. Ergebung heuchelnd kamen sie dem auf dem Nil nach Norden fahrenden Pascha entgegen, und in der Station Kiri fand ein großer Empfang statt. Wie überall hatte Emin den Truppen zunächst den Wunsch der ägyptischen Regierung bekannt gegeben. Dann hatte Jephsons meine Proklamation verlesen; er hatte dabei den Soldaten vor Augen geführt, dass sie nach dem Verbrauch ihrer Munition unbedingt dem Hass der feindseligen Eingeborenen und den von Norden heranstürmenden Derwischen zum Opfer fallen würden. Aber der Vorschlag, sie auf dem Seeweg von Sansibar durch das Note Meer nach Ägypten zu bringen, gab den meuterischen Offizieren Veranlassung, die Behauptung auszustreuen, Soldaten und Offiziere würden von den Engländern als Sklaven verkauft werden! Dieses unsinnige Gerücht war die Lunte am Pulverfass. In Lahore brach die Meuterei offen aus, und nur mit knapper Not entging der Pascha der Gefangennahme. Als die Soldaten auf den allein und unbewaffnet zu ihnen kommenden Jephson unter Heulen und Fluchen die Gewehre anlegten, rief er ihnen zu: „Ich komme als euer Freund. Ihr seht, ich bin allein, ohne Waffen. Und ich weiß, ihr seid keine Wilden!" Da hörten sie ihn ruhig an, und er brachte sie dazu, ihr Bedauern über das Vorgefallene auszusprechen.

Bald darauf, in Dusile, wurde Emin das Opfer seiner allzu großen Vertrauensseligkeit. Am 18. August wurde er mit Jephson gefangen genommen. Durch Eilboten hatte man alle Rebellenstationen von diesem „freudigen" Ereignis in Kenntnis gesetzt. Jephson erhielt die Erlaubnis, sich frei zu bewegen; ja, er musste sogar im Auftrage der Rebellen nach dem Albertsee reisen, um zu erfahren, ob die gefürchtete Entsatzexpedition wirklich dort eingetroffen sei. In Wadelai übergab ihm das besorgte Töchterlein Ferida ein Halsband aus Glasperlen, das sie sich vom Hals nahm, und sagte: „Bitte, nimm es meinem Baba mit; ich habe gehört, die bösen Leute in Dufile geben ihm nichts zu essen. Nimm ihm die Perlen mit und sage Baba, er solle sich dafür Hühner zum Essen kaufen."

Die Rebellen erklärten Emin für abgesetzt und wollten ihn nach Norden, nach Redjaf, senden. Furcht kannte der Pascha nicht; aber die quälende Ungewissheit raubte ihm Schlaf und Esslust. Eingepfercht in einem kleinen, von einem hohen Bambuszaun umschlossenen Hof, umgeben von einer lärmenden, feindseligen Garnison, war er von der Welt ganz abgeschlossen. Öfter stieg er auf einen Stuhl, um nur einen Blick über den Zaun auf die gegenüberliegenden grünen Höhen tun zu können. Immer wieder las er die wenigen Bücher, die er bei sich hatte, von Neuem durch.

Nicht genug der Aufregung! Die Anhänger des Mahdi, die Derwische, kamen mit einem Heer den Nil herauf, und ihr Kommandant, Omar Salih, ließ Emin durch drei Boten einen Brief im Namen seines Herrn, des Mahdi, überreichen. Die Soldaten legten die drei Derwische unter Missachtung der Parlamentärflagge in Ketten. In dem langen arabischen Schreiben empfahl Omar dem Pascha dringend, sich dem Mahdi anzuschließen. Ich führe einige Absätze aus feinem Sendschreiben an:

„. . . . Nachdem ich Sie begrüßt habe, möchte ich Sie daran erinnern, dass die Welt ein Haus der Veränderung und des Verfalls ist und dass alles in ihr eines Tages untergehen muss. Nichts in der Welt ist für einen wahren

Abschiedsblick auf den Ruwenzori. (S. 113)

Aufstieg nach dem Hochland von Ankori. (S. 116)

Diener Gottes von Wert, als was zu seinem Besten im zukünftigen Leben ist. Wenn Gott freundlich gegen seinen Diener sein will, demütigt er ihn und segnet sein Tun, Gott ist der Segen bei allem, und es geht von ihm kein Wort und keine Tat aus, die nicht seine unendliche Nachsicht beweist. Gott ist der Herr aller seiner Geschöpfe, in seiner Hand liegt der Schlüssel zu allen Dingen, über seine Macht geht nichts im Himmel und auf Erden. . . .

Wir gehören zur Armee Gottes und gehorchen nur seinem Wort; mit unserer Armee ist der Sieg, und wir folgen dem Jmam, Mohammed el Mahdi, dem Sohn des Abdullah, vor dem wir uns beugen, dem Kalifen und Propheten Gottes, von dem der Herr des Alls gesagt: Und in diesen Tagen wird sich von meinem Sitz ein Mann erheben, der die Erde mit Gerechtigkeit und Licht erfüllen wird, wie sie vorher mit Ungerechtigkeit und Dunkelheit erfüllt war. . . . Mit Erlaubnis unseres Herrn haben wir Briefe bei uns von einigen Ihrer Brüder, die Ihnen wohlwollen; dieselben sind von Abdul Kader Slatin, der früher Mudir von Darfur war, und vielen andern, die mit Ihnen sympathisieren und jetzt durch die Gnade des Mahdi geehrt werden. . . . Gott hat ihnen allen mit seinem Segen geholfen, und sie sind jetzt wohlhabend und haben keine Sorgen, denn Gott hat ihnen mehr gegeben, als sie je an weltlichen und himmlischen Gütern besessen haben; nachdem sie Freunde des Mahdi geworden waren, hat Gott sie belohnt.

„Nun hat der Kalif, der Mahdi, aus Nachsicht für Sie, der Sie in den Händen der Neger allein gelassen sind, und aus Mitleid für Ihre verlorene Lage — denn man hat schon seit langer Zeit keine Nachrichten mehr von Ihnen und Sie müssen jegliche Hoffnung verloren haben — uns mit einer Armee zu Ihnen gesandt, um Sie aus dem Lande der Ungläubigen zur Vereinigung mit Ihren Brüdern, den Moslemin, zu führen. Unterwerfen Sie sich mit Freuden den Wünschen Gottes und kommen Sie sofort zu mir, wo ich auch sein möge, denn ich bin Ihnen jetzt so nahe, dass ich Sie mit den heiligen Geboten ehren kann. Sie werden dieselben voll von wunderbaren Dingen finden, von denen Ihre Rettung in dieser und der andern Welt abhängt, und Sie werden darin den Willen Gottes, des Herrschers der Welt, finden. Ich habe auch hinzuzufügen, dass ich auf Befehl seiner Hoheit —- den niemand verleugnen kann — komme, dass ich Sie ehren und für Sie sorgen soll und dass, wenn wir zusammentreffen, alle Ihre Wünsche erfüllt werden sollen, wenn Sie nach dem Wunsche des Herrn einer unserer wahren Gläubigen werden."

Die Verlesung des Briefes vor dem in Eile zusammenberufenen Offizier- und Soldatenrat hatte großen Eindruck gemacht, und die allgemeine Meinung ging dahin, sich dem Mahdi zu ergeben. Emin aber, den man aus seinem Gefängnis geholt hatte, damit er in dieser Not rate, trat entschieden gegen eine Unterwerfung unter den Mahdi auf. Man solle schleunigst alle Stationen nördlich von Dufile räumen und sich nach Tunguru am Albertsee zurückziehen; dort seien alle sicher. Dieser Rat leuchtete ein, und seine Ausführung wurde beschlossen. Aber während die Rebellen noch darüber schwatzten, waren die Derwische vorgerückt. Sie hatten Redjaf eingenommen und die ihnen entgegentretenden Truppen über den Haufen gerannt. Wer erschöpft zu Boden stürzte, erlag den Schwertstreichen der Derwische; von den Offizieren wurde eine Anzahl auf der Flucht niedergehauen. Jetzt erschien den Soldaten ihr alter Gouverneur als einziger Retter und sie erzwangen die Freilassung Emins. Es wurde vom Pascha verlangt, er solle sich nach Wadelai begeben und seine Stellung als Gouverneur niederlegen. Beides sagte er gern zu.

Mit Jubel und Begeisterung empfing Wadelai den Schwergeprüften. Die Garnison stand in Parade am Landungsplatz, Offiziere und Beamte drängten sich, ihren Pascha zu begrüßen, und mit klingendem Spiel marschierten die Soldaten vor der Wohnung Emins vorbei. Die alte Haushalterin Hadji Fatma geriet fast außer sich vor Freude. Unter strömenden Tränen küsste sie Emin die Hand und unter dem Ruf „Allah sei gelobt!" sprang und tanzte sie wie verrückt umher.

In Dufile herrschte unterdessen größte Verwirrung. Die Offiziere befehdeten sich gegenseitig, und die Soldaten verfluchten ihre Offiziere. „Hätten wir unserm Pascha gefolgt, dann wären wir jetzt in Sicherheit; er war all die Jahre wie Vater und Mutter zu uns. Aber statt auf ihn zu hören, folgten wir euch, und nun sind wir verloren!" Da drang eines Nachts eine verwegene Schar von vierzig Derwischen ein, bemächtigte sich der beiden Regierungsdampfer und trieb die 500 Mann starke Garnison zur Station hinaus. Mit dem Ruf „Wo ist Mohammed Emin? Wo ist der weiße Christ?" suchten sie den Pascha und Jephson. Es wäre um beide geschehen gewesen, wenn sie in die Hände der entmenschten Fanatiker gefallen wären.

Die Scharte von Dufile wurde von der verjagten Garnison bald ausgewetzt, aber die Furcht vor den Scharen des Mahdi war in Wadelai doch so groß, dass Soldaten und Offiziere in gemeinsamer Beratung beschlossen, sich nach Tungurn zurückzuziehen, um sich später dem Schutz der Entsatzexpedition anzuvertrauen. Die Niederlage der Derwische bei Dufile machte die Offiziere allerdings in ihrem Entschluss wieder wankend. Aber Emin blieb fest. Er hatte genug Beweise menschlicher Treulosigkeit und Wankelmütigkeit empfangen und er ließ sich durch nichts mehr irremachen. Nur allein wollte er nicht das Land verlassen, dem so viele Jahre lang seine Sorgen und Mühen gegolten hatten.

„Ich weiß wohl", sagte mir der Pascha eines Tags, „ich bin für diese Leute nicht verantwortlich. Und doch kann ich es nicht über mich gewinnen, allein von hier fortzugehen. Ich weiß, es ist das ein Gefühl, das Ihnen nicht zusagt, aber meine Feinde in Wadelai würden laut sagen: Seht, Euer Pascha hat Euch in der Stunde der Not schnöde verlassen."

Ich hatte Emin zwanzig Tage Frist zur Entscheidung gegeben, weil ich mit meiner durch die Nachhut verstärkten Expedition unmöglich länger warten konnte. Es war eine richtige kleine Stadt geworden, die sich dem Dorf Kavalli anschloss. Sie lag 1675 Meter über dem Meer und umfasste nicht weniger als 339 Hütten und 5 Zelte, und zuzeiten stieg die Bewohnerschaft auf 2000 Köpfe. Die mir befreundeten Häuptlinge des Hochlandes hatten Träger gestellt. Es war ihrer eine große Zahl nötig, um die Flüchtlinge und ihre Habe vom See hinaufzuschaffen. Ununterbrochen fuhren die Dampfer hin und her, und Tag für Tag stiegen lange Reihen von Trägern den steilen Weg zur Hochfläche hinauf, um alle Lasten auf den Köpfen ins Lager zu schaffen. Einen Dank für ihre Mühen hörten die Fleißigen von den anspruchsvollen Flüchtlingen nie. Dies erbitterte meine Sansibarer so, dass sie zu meutern drohten. Ich ließ die Rädelsführer zur Strafe an den Flaggenmast anbinden, und bald herrschten wieder Friede und Arbeitslast wie zuvor.

21. Der Abmarsch.

Der 10. April 1889 wurde als Tag des endgültigen Aufbruchs festgesetzt.

Um halb acht Uhr morgens marschierte die Kolonne aus dem Lager, geführt von der ersten Kompanie; ihr folgten der Pascha und seine Leute und die ihm zugewiesene Zahl von Trägern. Die Kolonne setzte sich folgendermaßen zusammen: von meiner Expedition 230 Köpfe, Manjema 130, Träger vom Plateau 350, Eingeborene aus Kavalli als freiwillige Hilfsträger 200, der Pascha und seine Leute 600 Köpfe, insgesamt eine Schar von mehr als 1500 Köpfen, Männer, Frauen und Kinder.

Es war eine schier unübersehbare Linie, die ich musterte. Dann rief ich „Vorwärts, marsch!", und dicht geschlossen, in voller Ordnung, setzte sich die endlose Reihe in Bewegung, voran die ägyptische Flagge. Auf allen Anhöhen standen die Frauen und Kinder des Landes, das uns vertraut geworden, und riefen uns ihr Lebewohl zu, während die Kolonne sich in fröhlicher Stimmung in Marsch setzte, dem Süden entgegen. Hinter uns aber schlugen aus der Hüttenstadt, die uns so lange beherbergt hatte, lichterloh die Flammen zum Himmel. Die Nachhut unter Nelson hatte auf meinen Befehl Feuer gelegt, und eine große schwarze Rauchwolke kündigte dem umliegenden Land, bis hinaus zum Berge Pisgah, an, dass wir endgültig den Weg in die Heimat angetreten hatten.

Weit hinaus dringt der Blick von Kavalli. Die umherziehenden Herden der Wahuma weiden im Gras; aus dem grünen Rasenteppich erheben sich in Gruppen Termitenhügel von einigen Metern Höhe. Von ihnen aus beaufsichtigen die Hirten die weidenden Tiere. Vor dem Dorf sitzen die Dorfältesten und schauen der Karawane nach, die als Riesenschlange in der Ferne verschwinden.

Aber der Weitermarsch stockte bald. Noch immer sind wir bei Masamboni, meinem alten Freund. Jetzt, nachdem alle Schwierigkeiten beseitigt schienen, versagte die Spannkraft meines Körpers. Eine heftige Magenentzündung befiel mich, und nur durch Morphium konnte ich die quälenden Schmerzen etwas mildern. Milch und Wasser, die hier glücklicherweise in reichem Maße zu haben waren, blieben lange meine einzige Nahrung. Fieberfantasien umgaukelten mich, und die wirren Reden, die ich führte, erschreckten meine Umgebung.

Meine Krankheit benutzten die nichtswürdigen Ägypter zu Diebstählen und zu meuterischen Anschlägen. Achtzig Mann waren desertiert, und es ging das Gerücht, dass die zum Mahdi abgefallenen Truppen vom See her gegen uns in Anmarsch seien. Obendrein wurden die Leute im Lager durch die dreiste Behauptung aufgeregt, wenn sie weiterzögen, sei Gras ihre einzige Nahrung.

Emin-Pascha ließ einen der Rädelsführer einen Sudanesen namens Rehan, verhaften und vor ein Gericht stellen, das den Schuldigen zum Tode verurteilte. Es war notwendig, dass das Urteil mit allem Nachdruck ausgeführt wurde. Ich ließ mich auf den Platz tragen, wo die Mannschaften angetreten waren und der Hinrichtung ihres Kameraden harrten.

Nur mit Mühe konnte ich mich aus meinem Lager aufrichten, um Rehan, meinem alten, mir einst vom Pascha zugewiesenen Begleiter, noch ein paar letzte Worte zu sagen.

„Schau, Rehan! Wir beide stehen vor Gott. Aber im Buch des Schicksals steht, dass du vor mir ins Grab gehen sollst. Du bist ein böser Mensch und bist nicht würdig zu leben. Du warst ein Sklave; ich habe dich freigemacht. Als unser Werk zu Ende war, wurde dein Herz schwarz, und täglich suchtest du uns zuschädigen. Eine Möglichkeit zum Leben will ich dir noch offen lassen: Wenn unter den Leuten, die hier im Kreise stehen, mit denen du gegessen und getrunken hast, nur einer ist, der für dich bittet, dann sei dir das Leben noch einmal geschenkt. Und nun, ihr Leute, sagt, soll Rehan leben oder sterben?"

„Sterben!" antworteten alle mit einer Stimme.

„Dann, Rehan, gehe zu Gott!" Ich gab das Zeichen, und bald hing Rehan, ein stiller Mann, hoch am Baum. Schon befand ich mich in der Besserung, als ein schwerer Rückfall mich noch einmal an den Rand des Grabes brachte. Auch Jephson lag am Fieber fast hoffnungslos darnieder. Im Verein mit Dr. Parke war Emin unermüdlich, uns Schwererkranke zu pflegen, und er bot seine ganze ärztliche Kunst auf, der Krankheit Herr zu werden, was ihm auch nach bangen Tagen gelang.

Unter dem Geleit Masambonis und dreihundert seiner Leute gelangte die Expedition am 8. Mai nach dem Dorf Bundegunda mit seinen üppigen Feldern und fruchtschweren Bananenpflanzungen.

Nach einstündigem Marsch durch diese reichen Gefilde schlugen wir das Lager auf oder richtiger: wir quartierten uns in einem Dorfe ein, das die Bewohner auf Befehl Masambonis verlassen hatten, um uns Platz zu machen. Jedes Mitglied meines Zuges erhielt die Erlaubnis, nach Belieben in den Pflanzungen und auf den Feldern umherzustreifen, und meine Leute taten sich gütlich an den reifen Bananen, an jungen Bohnen und den wohl-schmeckenden Bataten. Als Gegenleistung für seine Dienste und für die er-wiesene Gastfreundschaft schenkte ich Masamboni vierzig Rinder und sech-zehn Elefantenzähne im Gewicht von durchschnittlich einem halben Zent-ner.

Der Weg wand sich durch reiche weite Ebenen, lief am Fuße steiler Ab-hänge entlang und führte dann sanft abfallende Rücken hinab. In einer Ent-fernung von acht Kilometern leistete der Wald, schwarz wie die Nacht, uns Gesellschaft, und nur selten schwand diese schreckende Mauer aus Sicht. Im Süden trat der mächtige Ruwenzori mit seinen glänzend weißen Firn-häuptern alles überragend aus dem Wolken- und Dunstmantel heraus, der ihn meist neidisch umhüllte. Es war ein herrliches, erhebendes Bild. In mei-ner von zwei Mann getragenen Hängematte richtete ich mich auf und ent-warf ein flüchtiges Bild dieser großzügigen Landschaft.

Ein mäßiger Tagemarsch führte an den Westrand der breiten Grabensen-ke, in die der Albert- und der Albert-Eduard-Njansa eingebettet liegen. Die-se tiefe Furche ist 20 — 40 Kilometer breit. In wallenden Massen erfüllte der Nebel das weiße Tal; man konnte meinen, einen See vor sich zu haben. Nur wenn ein vom Albertsee heraufwehender Windstoß die Nebeldecke durchbrach, sah man tief unten eine Ebene mit dürrem, hellbraunem Gras und spärlichem Akaziengebüsch. Gegen 700 Meter führte der Abstieg hin-ab, von etwa 1500 Meter Seehöhe in ungefähr 800 Meter. In drei Stunden war der Semliki erreicht, der sich aus dem Albert Eduard-See in den Albert-see ergießt.

Eine schwierige Frage war, wie ich mit der vielköpfigen Karawane über den 55 Meter breiten stark reißenden Strom ungefährdet hinüberkommen konnte.

Die Awamba, die Bewohner des Flusstals, hatten bei unserm Herannah-hen ihre Hütten verlassen und sich in den tiefen Wald auf dem andern; rech-ten Ufer geflüchtet. Nirgends ein einziges Boot zum Übersetzen! Da melde-te mein allzeit bewährter Uledi, er habe ein Kann entdeckt. Aber es lag am andern Ufer. Wie sollten wir seiner habhaft werden? Ich ließ in der Deckung des Ufergebüschs die Scharfschützen bis hart ans Wasser herantreten und mit einigen Salven das jenseitige Ufer von Eingeborenen ' säubern. Gleich-zeitig schwammen Uledi und der tapfere Sergeant „Dreiuhr" beherzt über den Fluss. Bald waren sie drüben. Rasch hatten sie das Kanu losgemacht und ruderten nun aus Leibeskräften über den Fluss zu uns. Aber schon sprangen auch die Feinde, die sich im Gestrüpp nur zu Boden geworfen hat-ten, auf, und schossen mit Flinten und Bogen auf das Kanu. „Dreiuhr" be-kam einen Pfeil in die Schulter. Er und sein Kamerad ließen aber nicht nach, bis das Kanu glücklich bei uns geborgen war.

Unter dem Feuer der Feinde fuhr Bonny mit fünf Sudanesen — mehr konnte das Boot nicht tragen —- über den Fluss und setzte sich am feindlichen Ufer fest. Bis Sonnenuntergang waren 50 Schützen hinübergeschafft, und nun konnte der Übergang über den Strom als gesichert angesehen werden. Zwei Tage lang dauerte es, bis die ganze Karawane einschließlich der aus 235 Stück Vieh bestehenden Herde der Expedition und der über 600 Trägerlasten übergesetzt war. Ein Kalb war der einzige Verlust, den wir zu erleiden hatten. Bei der lang dauernden Arbeit des Übersetzens hat es noch eine sehr unangenehme Überraschung gegeben. Fünfzig Soldaten Kabregas war es gelungen, in den Rücken der den Übergang leitenden Abteilung zu gelangen,und plötzlich sauste eine Salve auf die Boote. Bleikugeln und eiserne Schrotkörner flogen den arg erschreckten Leuten in den Booten um die Köpfe, glücklicherweise ohne jemand zu verletzen. Sofort stürmte Nelson herbei und verfolgte die allzu kühnen feindlichen Schützen bis tief in den Wald hinein.

Übergang über den Semliki.

Im Lager der Karawane fand ich eines Tages einen kleinen Knaben von ungefähr elf Jahren, namens Tukabi, der sich bei uns versteckt gehalten hatte. Während des Aufenthalts bei Masamboni war sein Vater, ein Untertan Kavallis, zu mir gekommen und hatte um meinen Beistand gebeten, um den Knaben, der sich einem unserer Sansibarer angeschlossen hatte, wiederzuerlangen. Ich hatte den Jungen ausliefern lassen und den Vater gebeten, auf den kleinen Ausreißer sorgfältig achtzuhaben. Als der Junge jetzt wieder an meinem Zelt vorüberkam, hatte er sich das Gesicht mit einem Stück Zeug verhüllt, um sich unkenntlich zu machen. Ich erkannte ihn sofort wieder und fragte ihn, weshalb er seinem Vater abermals davongelaufen sei und warum er sich diesen Fremden angeschlossen habe, die gegen ihn unfreundlich sein könnten. „Schlägt dich dein Vater?", fragte ich. „Nein", antwortete der Knabe, „aber ich möchte gern den Ort kennenlernen, wo eure Gewehre herkommen und wo ihr die Donnermedizin (das Schießpulver) macht!" Hätte ich dem kecken Bürschlein zürnen sollen?

Am 22. Mai waren wir gezwungen, sechs Stunden durch Schlamm und stinkenden Morast zu marschieren, ehe wir einen einigermaßen geeigneten Rastplatz finden konnten. Der dichte Wald war in seiner Üppigkeit so rein tropischen Charakters wie kaum auf irgendeiner Strecke, die wir früher durchquert hatten. Aber die überreiche Feuchtigkeit und die schier unerträgliche Hitze machten ihn zu einer Hölle. In den Baumwipfeln hatten sich Dünste zu Nebeln gesammelt, darüber hingen Wolken, die in Gemeinschaft mit dem dichten, verworrenen Blattwerk der Wipfel alles Licht abblendeten. Wir begannen zu empfinden, dass wir uns im Mittelpunkt eines großen Gärbottichs befanden, über dem die Dünste sich in Wolken zusammenballten. Diese wurden gegen die 4300 Meter über das Tal ragenden Häupter des Ruwenzori getrieben und klammerten sich krampfhaft an den Gipfeln fest, bis ein frischer, über die Firne fegender Windzug die Wolken fortjagte und den Blick auf eine herrliche Alpenlandschaft freigab.

Die Entfernung vom Semliki bis zu den Dörfern, in denen wir jetzt unser Lager aufgeschlagen hatten, betrug nur 25 Kilometer. Um diese Entfernung zurückzulegen, hatten wir nicht weniger als drei Tage und zwei Nächte gebraucht! So qualvoll war der Marsch. Mütter ließen ihre kleinen Kinder liegen, und ein ägyptischer Soldat namens Hamdan legte sich am Rande des Wegs hin; er war nicht gewillt, die Lebensreise fortzusetzen, und weigerte sich hartnäckig, noch weiter mitzumarschieren. Er hatte keine Last zu tragen und war auch nicht krank. Gegen Leute dieser störrischen Art helfen Worte nichts, und Vernunftgründe vermögen in ihrem dicken Schädel nichts auszurichten. Es gab der Hamdans noch mehrere im Lager! Bei Tagesanbruch marschierten sie hurtig darauflos, aber schon nach einstündigem Marsch setzten sie sich nieder, um die Zeit zu vergeuden, ein Feuer anzuzünden, zu kochen, zu rauchen und zu schwatzen. Wenn dann die Nachhut herankam und sie weitertrieb, zeigten sie unzufriedene Mienen und murrten über die „Grausamkeit der Ungläubigen".

Die Ägypter und ihre Begleiter hatten eine so große Zahl von Säuglingen und kleinen Kindern bei sich, dass in vielen Nächten an Schlaf kaum zu denken war. Die kleinen Geschöpfe müssen höchst reizbar gewesen sein, denn ein so hartnäckiges, unaufhörliches Schreien hat mich noch nie in meinem Leben gequält. Die Säuglinge wetteiferten in der Kraftleistung der Lungen bis lange nach Mitternacht, und schon um drei Uhr morgens weckten sie das Lager wieder aus dem Schlaf, so dass von allen Seiten arge Unzufriedenheit über dieses Massenkonzert zu hören war.

Das Grasland endigte bald wieder; abermals mussten wir hinein in den Schatten des Urwalds. Hier zeigte sich uns der tropische Wald von Neuem in seiner ganzen Vollkommenheit; er übertraf in Bezug auf Mannigfaltigkeit und Üppigkeit des Pflanzenwuchses noch das Tal des Ituri. Wir sahen riesenhafte Baumfarne, wilde Bananen und schier himmelhohe Baumriesen, vom Wipfel bis zur Wurzel mit weichem grünem Moos bedeckt. Um die märchenhafte Schönheit zu erhöhen, war dieses Dickicht breitblättriger Pflanzen von wundersamen Tauperlen durchfunkelt. Hier und dort rieselten schmale Rinnsale unter dem verworrenen, glitzernd betauten Unterholz hervor. Es war das vollkommenste tropische Gewächshaus, das ich je gesehen habe. Aus jedem Zweig wuchsen die lieblichsten Farne und Flechten, Elefantenohrpflanzen und Orchideen in dichten Gruppen, das hellgrüne Moos hatte runde, weiche Kissen gebildet, fast an jeder grünen Faser zitterte ein kristallheller Wassertropfen, und alles war von einer Üppigkeit ohnegleichen. Dieser Teil des Waldes lag in den geschütztesten wärmsten Falten der Firnberge des Ruwenzori, und die Glut, die die Tropensonne dort hineinwarf, wurde vom Dickicht festgehalten.

22. Im Banne des Wolkenkönigs.

Wir marschierten weiter gegen Süden. Bald ragte der Bergstock des Ruwenzori in der Nähe vor uns auf, und wir waren hingerissen von der Schönheit dieses Bergriesen der Tropen.

Es mag viele Menschen geben, die gleich mir beim Betrachten eines berühmten alten Bauwerkes, etwa einer ägyptischen Pyramide oder auch nur eines uralten Schlosses, in tiefe innere Erregung geraten. Man fühlt ein unbestimmtes Verlangen, die Geschichte des Werkes kennenzulernen, und sein Alter erfüllt uns mit einer gewissen Genugtuung, dass wir kleinen Sterblichen so gewaltige, der Zeit trotzende Bauten zu schaffen vermögen. Aber mächtiger noch ist das Gefühl, das der Anblick eines eisgrauen Berges wie des Ruwenzori erweckt, von dem man weiß, dass er so alt ist wie die Mutter Erde. Wenn man bedenkt, wie langer Zeit es für den geschmolzenen Schnee bedurfte, um diese tiefen Schluchten aus den Felsen der Berglette herauszumeißeln, oder wie viele Zeitalter nötig waren, um die herabgespülten Trümmer rings über die Ebene zu streuen, dann staunt man über die Länge der Zeit, die vergangen sein muss, seitdem der Ruwenzori zum Dasein emporstieg. Wie gigantisch ragt er auf! Und doch ist es nur ein Skelett von dem, was er ursprünglich war. Seinem Haupt ist viel von seiner glorreichen Höhe abgeschoren, seine Schultern sind abgeschliffen und abgewetzt, und erschreckend treten die Rippen hervor —- alles Kennzeichen für die Zerstörungen, denen das Gebirge ausgesetzt gewesen sein muss, seitdem es vom Feuer geboren wurde.

In den ersten Morgenstunden löst sich aus dem Dämmern der Umriss eines ungeheuren feierlichen Felsendoms, dessen Zinnen bis nahe an den wolkenlosen grauen Himmel zu reichen scheinen. Wenn aber der rasch emporsteigende Tag im Osten das Grau in Gold verwandelt, dann werden oben schwache Wolkenbänke sichtbar, und den Fuß des Gebirges umhüllt dichter Nebel. Im nächsten Augenblick werden die Nebelschwaden von den Runsen und Spalten angezogen, sie steigen an den Hängen der Felsenmauern aufwärts, verändern jeden Augenblick ihre Form und nehmen ständig an Dichte zu.

Wenn dann die Sonne eine Viertelstunde über dem östlichen Horizont steht, wenn sie die in den Schneebergen und auf den hohen Bergspitzen verborgenen Schönheiten zu enthüllen beginnt und die Umrisse und Kronen mit satten Regenbogenfarben umspielt, dann nähert sich der Nebel mit seinen zahlreichen kühnen Vorposten immermehr dem Schnee, mit dem er in blendender Weiße wetteifert.

Die Nebel breiten sich zusehends über den Schnee aus und hüllen die purpurnen Spitzen ein, die Farbenpracht ist im Nu ausgelöscht Wenn Minute auf Minute dem Nebel neue Dunstmassen zugeführt werden, wenn das gärende Tal mit unerschöpflicher Kraft eine Nebelarmee nach der andern emporsendet, dann verliert der Ruwenzori seine Schönheit; er nimmt eine bleierne Farbe an, die sich bald in das hässliche Düster der Gewitterwolken wandelt. So zeigt er sich den ganzen Tag über und bis in die Nacht hinein den Blicken. Zuweilen wird etwa eine halbe Stunde vor Sonnenuntergang die Nebelwolke von feinem Gipfel weggeweht, dann leuchten Grat hinter Grat in voller Glorie auf, bis die Nacht das Gemälde überrascht.

Dieser kurze Blick auf den „Regenmacher" oder „Wolkenkönig", wie die Eingeborenen ihren nebelumhüllten Berg nennen, erfüllt den Betrachter mit einem Gefühl, als habe er einen Widerschein himmlischer Herrlichkeit gesehen. Ich habe die entzückten Gesichter der Weißen und auch der Schwarzen beobachtet, die in sprachloser Bewunderung hinaufblickten zu diesen Gefilden des Lichts und des vollkommenen Friedens. So hoch über den Bereich des Menschen, in so heiliger erhabener Ruhe und fleckenloser Schönheit ragt der reinweiße Gipfel empor, dass alle irdischen Gedanken und Wünsche zu armselig sind, um sie in Worte zu fassen. Könnte es auch einen seltsameren Gegensatz geben als den zwischen unserer Welt voll Hast, Leidenschaft und Kriegslärm und dem erhabenen Bergkönig in seinem unbefleckten Schneegewand? Er ist umgeben von einem Gefolge ragender Berge, die wie anbetend zum Throne des Monarchen aufschauen, zu dem Gebieter, auf dessen ehrwürdigen Zügen die Worte geschrieben stehen: „Unendlichkeit und Ewigkeit."

Der Mensch ist niemals so reif für die Erkenntnis überirdischer Dinge wie in solchen Augenblicken stummer Betrachtung, denn wie trotzig er sich sonst auch gebärden mag, jetzt wird er gleichsam zum Kind und ist von Bewunderung und Ehrfurcht erfüllt.

Das Eingehen auf Gedanken solcher Art war mir und meinen Begleitern schon seit vielen Monaten fremd geworden, denn unser Geist war mit den dringenden gebieterischen Notwendigkeiten beschäftigt gewesen, die unablässige Wachsamkeit und Vorsicht erforderlich machten. Wir waren gerührt gewesen von dem Ausblick, den wir vom Berg Pisgah auf die unendliche Fläche des sich meilenweit ausdehnenden Waldes hatten genießen dürfen; wir waren fast toll geworden vor Freude, als wir nach fünfmonatiger Kerkerhaft in den Tiefen des wilden Waldes wieder grüne Flächen heiraten und uns ergötzen konnten an dem unbegrenzten Blick über Hügel und Höhen, auf denen der Wind mit dem Frühjahrsgras spielte; wir hatten die silberne Oberfläche des Albertsees bewundert: Allein wir waren nie zu so inniger, unwillkürlicher Anbetung der Allmacht angeregt worden, nie von so tiefen Empfindungen durchschauert gewesen wie in dem Augenblick, als wir plötzlich emporblickten und die gen Himmel ragenden Firne und die in unerreichbare Höhen aufsteigenden Grate des Ruwenzori sahen, der einem himmlischen Schloss glich mit beherrschenden Schanzen und unersteigbaren Mauern.

23. Um den Albert-Eduard-See.

Bei Karimi überstiegen wir einen Ausläufer des riesenhaften Gebirgsstockes, dessen höchste Erhebung der „Wolkenkönig" ist. Unsere Marschrichtung aus Süden nach Südosten abbiegend, zogen wir aus etwa 1500 Meter Meereshöhe 400 Meter hinab in die weite Ebene von Usongora, deren Bewohner, die Wasongora, zu dem Volk der Wahuma gehören.

Ein kräftiger Windstoß zerriss die Nebeldecke, die fast ständig die Firnkronen des Ruwenzori verhüllte, und als letztes Lebewohl dieses mächtigen Berges durften wir ihn noch einmal in seiner vollen Majestät schauen. Es war das herrlichste Bild, das mir je in Afrika entgegengetreten war.

Am 16. Juni 1889 standen wir 5 Kilometer vom Ufer des Albert-Eduard-Sees, den ich am 11. Januar 1876 als Erster gesehen hatte. Die Ebene im Norden des Sees zeichnet sich aus durch üppiges Wachstum der Euphorbien, die von Generationen von Wasongora zum Schutze ihrer Herden vor wilden Tieren und beutegierigen Stämmen gepflanzt worden waren. Die Wasongora waren wohl jahrhundertelang ein mächtiges Volk, bis die Bewohner der Nachbarländer Uganda und Unjoro das friedliche Land verwüsteten. Heute sind nur noch uralte Euphorbien die Zeugen besserer, ruhiger Tage.

Merkwürdig sind die beiden Salzseen, die bei dem Orte Katwe liegen. Katwe ist eine richtige afrikanische Stadt, die wohl an 2000 Köpfe zählen mochte. Sie war besetzt von Rukara, einem General Kabregas, des Herrschers von Unjoro; doch hatte Rukara es vorgezogen, mit seinen Warasura in der Nacht in aller Eile zu verduften.

Hütte der Wasongora.

Tot und verlassen liegen die Salzseen vor uns. Ihr Wasser sieht infolge der im See befindlichen Ablagerungen blutrot aus. Fische waren nicht zu erblicken, aber die Seeufer schienen ein Paradies für Reiher, Störche und Pelikane zu sein.

Der Besitz der Stadt Katwe gab den Herrschern der verschiedenen Stämme vielfach Anlass zu großer Eifersucht, denn Salz ist in Innerafrika ein gar begehrter Handelsartikel. Von weither kamen Karawanen mit Getreide, Waffen, Baumrindenstoffen und sonstigen Tauschartikeln, um das kostbare Salz heimzubringen Die Hütten der Wasongora zeichneten sich durch geschmackvolle Ornamentierung aus; die Farbgebung erinnerte an die Arbeiten des alten Ägyptens. Jedes Gehöft war nicht nur von einem Dornenzaun umgeben, sondern dahinter auch mit einem bis zu anderthalb Meter hohen Damm aus Kuhdünger.

Auf dem Marsch um den nach Norden sich dehnenden Arm des Albert-Eduard-Sees, der später den Namen Beatricegolf erhielt, wurden wir wiederholt durch Anfälle der Warasura Rukaras belästigt.

Um 26. Juni lagerten wir 200 Meter über dem See bei Kavandare, immer noch verfolgt von den Warasura. Bis zum 3. Juli marschierten wir am Ostufer des Sees entlang, das den Fuß eines mächtigen Hochlandes bildet.

Neidischer Dunst, der in dicken Schichten über dem See lagerte, verwehrte es und, einen vollen Überblick über die mächtige Wasserfläche zu gewinnen, die fast jeden Zuflusses entbehrt. Wie ein großer Mantel schweb-

Volksbelustigung mit dem jungen Rinozeros. (S. 119)

Auf dem Marsch durch Usukuma. (S. 121)

ten die Wolken über dem See. Wir seufzten nach Regen, damit er die Luft reinige; er fiel auch, aber an Stelle des Dunstmantels trat ein Nebel, so dick wie in London im November!

Vergeblich richteten wir die Augen verlangend nach den Gebirgsmauern des Ruwenzori. Das Mondgebirge der Alten schlummerte wie immer in seinem Wolkenzelt, und ewig brütend lag der See, aus dem der Semliki oder Albert-Nil entspringt, verborgen unter dem undurchdringlichen Nebel.

115

Die wichtigste Frage war für uns, welcher Weg für den Weitermarsch einzuschlagen sei. Ich berief die Offiziere zusammen und schilderte ihnen die drei möglichen Wege, den durch Uganda an den Viktoriasee, den geraden Weg durch Ankori, dessen König Antari über 200.000 Speerträger gebot und der uns große Schwierigkeiten bereiten konnte, und als dritten Weg den nach Süden durch Ruanda zum Tanganikasee.

Man überließ mir die schwierige Entscheidung, und ich wählte nach reiflicher Überlegung den zweiten Weg.

24. Über das Hochland von Ankori.

Am Morgen des 4. Juli klommen wir über 300 Meter hoch an den Felswänden des Tales von Ankori empor.

Allmählich begann die neblige Luft sich aufzuklären, wir konnten jetzt etwa 8 Kilometer weit sehen und die Umrisse des hohen Weidelandes von Ankori erkennen. Dieses zeigte sich freilich keineswegs von seiner besten Seite. Bereits vor zwei Monaten hatte die trockene Jahreszeit begonnen, und das Gras, das alle Hügelketten, die steilen Felsen und die weiten Ebenen bedeckte, war prasseldürr.

Die Mutter des Königs Antari sandte uns vier Rinder der König selbst drei und einen prachtvollen Elefantenzahn. Er ließ seiner frohen Hoffnung Ausdruck geben, dass uns bald Blutsbrüderschaft verbinden möge. Unter den Boten befand sich ein Prinz von königlichem Geblüt aus Usongora; die Boten hatten den Auftrag, uns mit allen Ehren zu geleiten und unterwegs dafür zu sorgen, dass wir überall gastfreundlich aufgenommen würden. So angenehm es ist, Gast eines mächtigen afrikanischen Königs zu sein, hat das doch auch seine Schwierigkeiten: Die Untertanen wissen, dass doch letzten Endes sie die Gastgeschenke zu bezahlen haben, und werden über die ihnen auferlegte Steuer unwillig.

In Antori, wie überall, wo die rinderzüchtenden Wahuma zu Hause sind, wird alles nach Rindern bewertet, selbst die Frauen; sie stellen einen Wert von ein bis fünf Rindern dar. Obwohl die Frauen in diesen Gegenden wie jeder andere Gegenstand zur Habe der Männer gerechnet werden, hält man sie doch in Ehren, denn sie besitzen Rechte, die nicht ungestraft vernachlässigt werden dürfen. Mag auch dem Vater der Frau die Brautgabe in Gestalt etlicher Rinder ausgehändigt worden sein, so ist es der Frau bei schlechter Behandlung doch leicht möglich, zu den Eltern zurückzukehren. Ihr Gatte müsste sie dann noch einmal kaufen. Da aber das Vieh außerordentlich wertvoll ist, wird er wahrscheinlich seine Leidenschaft zügeln.

Die Frauen führen das Regiment im Hause, besorgen die Milchwirtschaft und das Bebauen des Feldes. Dem Mann obliegt die Pflicht, das Haus zu bauen, die Rinder zu hüten und zu melken, die Umzäunung auszubessern und für die spärliche Kleidung zu sorgen. Die Frau bereitet die Butter und versieht das Marktgeschäft; nur von ihr kann man Butter und Milch erwerben. Die Kleidung der Männer besteht meist nur aus einem Ziegenfell, das von der linken Schulter herabhängt, doch sieht man mitunter auch Antilopenfelle, denen das Haar bis aus einen 10 Zentimeter breiten Randstreifen abgeschoren ist. Die Frauen bekleiden sich mit Kuhhäuten, die oft schön gegerbt sind und sich weich anschmiegen. Sklavinnen tragen in Ermangelung eines Ziegenfelles einen gürtelartigen Streifen Leder, von dem vorn und hinten Schurze aus weicher Baumrinde herabhängen. Bei feierlichen Gelegenheiten trägt jede Frau im Gürtel hinten ein Büschel grüner Blätter, entweder Mais- oder Zuckerrohrblätter oder auch ein Stück eines Bananenblattes.

Die Kost der Wahuma oder Watussi, wie sie in Ankori heißen, besteht hauptsächlich aus Milch. Der Verkauf der Butter und der Ochsenhäute ermöglicht ihnen, Bataten, Hirse und Bananen zu kaufen; mit besonderem Stolz erklären sie dem Fremden, sie seien keine „Hackenleute", keine Bauern! Das Bier der Wahuma wird aus gegorener Hirse und reifen Bananen hergestellt. Es erfreut sich großer Beliebtheit — das Hauptgeschäft im Leben eines Häuptlings scheint der Besuch seiner Untertanen zu sein, um deren Bierkrüge zu leeren. Glücklicherweise ist das Getränk nicht sehr berauschend und kaum stark genug, um mehr als eine frohe, gesellige Stimmung zu wecken. Eine Spur von Religion in unserm Sinne findet sich " unter den Wahuma nicht. Sie glauben fest an ein einflussreiches Wesen in Gestalt eines Mannes, der an unbewohnten Orten lebt, etwa in einer bewaldeten, dunkeln Schlucht oder in einem ausgedehnten, mit Röhricht bewachsenen Sumpf. Durch Geschenke suchen sie sich die Gunst dieses Unbekannten zu erwerben; der Jäger wirft ihm ein Stück Fleisch hin, die Frauen legen vor den Eingang irgendeiner Höhle ein Ei oder eine Banane. Jeder der Wahuma trägt ein Zaubermittel um den Hals, Arm oder Leib. Sie glauben an den „bösen Blick" und an Vorbedeutungen, sind aber nicht so abergläubisch wie andere innerafrikanische Stämme.

Einer unserer Offiziere, der durch die häufigen Fieberanfälle geschwächt war, sprach sich eines Tages sehr ergrimmt über die Wahuma aus. „Gestern", sagte er zu mir, „schien die Sonne, wie Sie wissen, glühend heiß, und die Hitze, der weite Marsch und ein leichtes Fieber versetzten mich in einen Zustand, dass ich alles für einen Trunk kühlen Wassers hingegeben hätte. Ich kam in jenes kleine Dorf und bat einen Mann, der vor der Tür seiner Hütte stand, um etwas Trinkwasser. Glauben Sie, dass er es mir gab? Er wies nach dem Sumpf, zeigte mit dem Speer nach dem schwarzen Schlamm, als wolle er sagen: Das ist Wasser für dich! — Ist das nicht der Gipfel der Rohheit? Verdiente der Halunke nicht eine Kugel?"

„Mein lieber Freund", antwortete ich, „haben Sie ein wenig Geduld, und ich werde Ihnen sagen, dass man wohl auch eine andere Meinung von dem Mann haben kann. Schauen Sie in Ihren Taschenspiegel; Sie werden ein höchst unliebenswürdiges Gesicht sehen, umrahmt von Borsten, abgezehrt und krankhaft. Ihr schlaffer Körper ist in Lumpen gehüllt. Entschuldigen Sie, aber wir haben hier alle ein recht ungefälliges Aussehen. Und nun gar Sie, der Sie im Fieber sind! Der Eingeborene hat also einen Mann von höchst unliebenswürdigem Äußern auf sich zukommen sehen. Und wie haben Sie ihn gefragt? Lächelten Sie in liebenswürdigster Weise? Ich bezweifle es. Sie sagten gewiss befehlshaberisch: Gib mir einen Trunk Wasser! Und Ihre Gebärden fügten hinzu: Sofort oder ...! Weshalb soll er als freier Mann vor seiner eigenen Schwelle einem solchen Befehl Folge leisten? Er kannte Sie nicht und schloss wahrscheinlich aus Ihrer Erscheinung, dass es nicht angenehm sein würde, Ihre Bekanntschaft zu machen. Wollen Sie zu der Klasse von Reisenden gehören, die an einem Afrikaner niemals Gutes zu entdecken vermag? Zu Ihrer Beschämung lassen Sie mich Ihnen ein Ereignis erzählen, das gestern einem Ihrer persönlichen Freunde widerfahren ist. Der Mann, von dem die Geschichte handelt, war vielleicht ein Bruder dessen, der Ihr höchstes Missfallen erregte.

„Dieser andere Offizier bekam einen bösen Fieberanfall. Von Schwindel ergriffen, taumelte er am Weg ins Gras nieder. Der Befehlshaber der Nachhut bemerkte ihn nicht und schritt an ihm vorbei, ohne die leiseste Ahnung zu haben, dass ein kranker Kamerad bewusstlos am Weg lag. Bald darauf ging ein eingeborener Krieger vorüber, bewaffnet mit Speer, Bogen und Pfeil. Er sah, dass sich im Gras etwas bewegte, ging hin und fand den Offizier. Wie leicht hätte er ihm den scharfen Speer durch die Brust stoßen können! Aber dieser Mann — passen Sie auf! — tat nichts dergleichen; er ging hin, und obwohl er niemals die Geschichte vom barmherzigen Samariter gehört hatte, kehrte er nach einer halben Stunde mit einer Schale voll frischer Milch zurück und gab ihm zu trinken. Unser Freund konnte sich nach einiger Zeit gestärkt erheben. Dieser Wilde gehörte nicht zur Gesellschaft vom Roten Kreuz. Verdient ein Stamm, der nur ein einziges Beispiel so großer Menschenfreundlichkeit aufweisen kann, nicht den Namen einer guten Rasse? Bezweifeln Sie die Geschichte! Dort steht Ihr Freund, fragen Sie ihn selbst!

„Außerdem denken Sie an die Gastfreundschaft, die uns von diesen Wilden zuteilwird! Tausend Mann unserer Kolonne nähren sich, ohne etwas zu zahlen, von den Erzeugnissen ihrer Pflanzungen. Wie können Sie wissen, ob der Mann vor Ihrem Kommen nicht durch allerhand unliebsame Zwischenfälle verärgert worden ist?Vielleicht haben einige von unsern Leuten ihn durch ihre Verachtung gekränkt, haben sein Haus geplündert oder seine Familie bedroht, ehe Sie erschienen. Kommen Sie, versuchen Sie es noch einmal! Gehen Sie in eins dieser Dörfer, bitten Sie mit einem freundlichen Lächeln um Milch, Butter oder Tabak, und ich stehe dafür ein, dass es Ihnen nicht wird verweigert werden!

„Und vergessen Sie ferner nicht, dass dieses Land erst ganz kürzlich von Antari erobert worden ist. Wie ich höre, hat der König den Häuptlingen vierzig ihrer Frauen weggeführt und als Geschenke an seine Krieger verteilt. Die hervorragendsten Häuptlinge sind getötet worden, und es wundert mich nicht, dass die Leute erbittert sind, wenn der König so gewaltige Tribute, wie die Verproviantierung unserer Kolonne, von ihnen fordert.

„Denken Sie über diese Worte im stillen nach und Sie werden neue Anschauungen gewinnen."

25. Die letzten Kämpfe.

Nachdem wir das eigentliche Ankori verlassen hatten und weiter nach Südosten marschiert waren, holte mich am 22. Juli der Thronerbe von Ankori ein.

Der Prinz namens Utschunku befand sich auf Befehl seines Vaters auf dem Weg zu mir, um mit mir Blutsbrüderschaft zu machen und einen Vertrag abzuschließen. In Viaruha traf ich mit ihm zusammen. Er war ein sanfter Knabe von 13 oder 14 Jahren, ein echter Sprössling aus Wahumastamm. Er wurde von seinem Gouverneur oder Vormund begleitet, einem Offizier, der die Speerträger und die mit Karabinern bewaffnete Leibwache befehligte. Am andern Tag fand die übliche Feierlichkeit mit allem Pomp, darunter feierliches Salutschießen, statt. Als aber auch das Maximgeschütz dabei mittat und seinen Geschosshagelentsandte, geriet der jugendliche Fürst in Entzücken und legte zum Zeichen seines Staunens die Hand auf den weit geöffneten Mund.

Nun war ich öffentlich als Sohn des mächtigen Antari anerkannt und konnte nach Belieben das Gebiet von Ankori durchstreifen.

Am 26. Juli betraten wir das Tal des zum Viktoriasee strömenden Kagera oder Alexandra-Nil und kamen damit in das Gebiet von Karagwe. Das Land besteht aus einer Unzahl tiefer enger Täler, die, so weit das Auge reicht, sich zwischen langen schmalen Höhenrücken hinziehen. Es ist ausgezeichnet durch seine Rhinozerosse, und unsere Nubier, die gute Schützen waren, gingen sogleich auf die Jagd nach diesem Großwild. Es gelang ihnen, vier dieser ungeheuren Tiere zu erlegen und ein Junges gefangen mit ins Lager zu bringen. Wir banden das junge Tier, das so groß war wie ein Zuchteber, an einen Baum, und es gab uns drollige Beweise von seiner ungestümen Kampflust. Bald hielt es den Baum für seinen Feind, stürmte zum Angriff heran und schlug mit seiner hornförmigen Nase eine Zeit lang auf ihn los. Sobald es bemerkte, dass der Baum doch zu viel Widerstand leistete, ruhte es einen Augenblick; es schien darüber nachzudenken, aus welche

Weise es ihn angreifen könne. Da übermütige Sansibarer das Tier mit einem langen Rohr an den Hinterschenkeln kitzelten, suchte es sich mit fürchterlichem Wutgebrüll auf die Missetäter zu stürzen. Dieses Rhinozeros war das dümmste, bösartigste und unbändigste Tier, das ich je gesehen habe. Wenn es sich von dem Seil aufgehalten fühlte, glaubte es, der Baum sei daran schuld und stürmte mit wahnsinniger Wut gegen ihn an; von hinten gestachelt, warf es sich mit wunderbarer Behändigkeit herum und sprang hoch, bis es von dem Seil auf den Rücken geworfen wurde. Da wir einsahen, dass es für das Tier nur Quälerei sein würde, wenn wir es mit nach der Küste schleppten, übergaben wir es dem Schlächter.

Bei den heißen Quellen von Mtagata in Karagwe verlor der Anführer der Manjema, die uns begleiteten, sein Weib. Darüber geriet er in solche Trauer, dass wir ihn zurückhalten mussten, Selbstmord zu begehen. Einsam in einer Schlucht sitzend, gab er seinen Klagen einen vollen Tag lang durch gellendes Geheul Ausdruck, und seine Leute antworteten im Chor auf sein jammervolles Gestöhn, so dass in dieser Nacht keiner von uns Schlaf finden konnte. Mehrere Tage dauerte es, ehe der arme Bursche sich mit dem schweren Schicksalsschlag einigermaßen abgefunden hatte.

Als wir am 7. August durch traurige Wüsten dürren Grases marschierten, war schon am Morgen die Lust düster und regendrohend, und nachdem wir auf einem Bergrücken gegen bitterkalten Wind gewandert waren, begann ein durchdringender feiner Regen zu fallen, der die Leute des Paschas vollständig lähmte.

Die hinter der Hauptkolonne marschierende Nachhut sah, dass viele Leute dem völligen Zusammenbruch nahe waren; Kapitän Nelson ließ haltmachen und Feuer anzünden. Leider aber fielen manche von den frierenden Gestalten um, ehe sie das wärmende Feuer erreichen konnten; starr und ohnmächtig wurden sie von den Sansibarern nach den Feuerstätten getragen und dort stundenlang geknetet. Bei fünf armen Gesellen waren alle Wiederbelebungsversuche vergeblich.

Aus dem Gebiet von Karagwe kamen wir am Urigisee vorbei über eine etwa 1500 Meter hochliegende Schwelle nach der Landschaft Ufindscha. Von Kisinga aus, am 15. August, entrollte sich ein entzückender Anblick aus die ungeheure Fläche des Viktoriasees, den ich 1875 zum ersten Mal kennengelernt hatte. Damals befand ich mich mit meinen Leuten in dieser Gegend in wilder Flucht vor den mordgierigen Inselbewohnern von Bumbire.

In Buanga, wenige Kilometer südlich vorn Victoriasee, hört das Gebiet der Wahumasprache aus, und wir müssen uns der Wanjamwesi-Dolmetscher bedienen. Unsere zweifelsüchtigen Sansibarer begrüßten diesen Umstand als Gewähr der Annäherung an die heimatliche Küste. Wir befanden uns in einem zu Deutsch-Ostafrika gerechneten Gebiet. In Usambiro traten wir zuerst in Berührung mit der europäischen Zivilisation und mit dem Christentum. Es befand sich dort eine französische Missionsstation, die allerdings verlassen worden war, weil die guten Patres zwar von großem Glaubenseifer erfüllt waren, aber noch nicht genügende Landeskenntnis besaßen. Sonst hätten sie sich nicht an einem wasserlosen Platz mitten unter zanksüchtigen verstockten Wanjamwesi niedergelassen.

Die englische Missionsstation Makolo erreichten wir am 28. August. Es war mir sehr interessant, die Bekanntschaft des Reverend Mackay zu machen, der unter der Grausamkeit des Herrschers von Uganda viel hatte ausstehen müssen. Bis Mitte September blieben wir in der gastlichen Station und die ruhige Lebensweise und die gute Kost wirkten bei uns allen Wunder. Leider ist Mackay bald darauf, im Februar 1890, in Afrika gestorben. Wie Livingstone hatte auch er sich geweigert, das Land zu verlassen, dem alle seine Sorge und Liebe galt.

Die Eingeborenen in Usukuma bereiteten uns allenthalben erhebliche Schwierigkeiten. Oft war der Weg von heulenden Menschenmassen besetzt, die, tanzend und Kriegsgeschrei ausstoßend, näherkamen. Obendrein hatten sie die Unverschämtheit, uns für Menschenfresser zu halten. Sie hatten die Stammesnarben in den Gesichtern der Sudanesen als einen Beweis der Kannibaleneigenschaft angesehen.

Wir marschierten zu einem Pass hinauf, der auf beiden Seiten von sechzig Meter hohen Felswänden eingefasst war und sich etwas verengte, ehe wir dem Dorf des Häuptlings näher kamen. Plötzlich erschien eine große Menge von Kriegern im Laufschritt. Mit ihren bunten Federn, glitzernden Speeren und fliegenden Gewändern boten sie einen reizvollen Anblick. Wir hörten ihr gellendes Geschrei und vernahmen ihre Drohungen gegen unsere Führer. Diese sagten ihnen, wir seien eine friedliche Karawane; aber die Wahnsinnigen überbrüllten jedes Wort mit ihrem Wutgeheul.· Als ich mich zur Vorhut begab, stürmten einige Burschen miterhobenen Speeren aus mich los, und einer ergriff mein Gewehr. Zwei Sansibarer sprangen mir zu Hilfe und entrissen mein Gewehr wieder seinen Händen. Die Bogen waren gespannt, die Speere drohend erhoben, Blutvergießen war nicht zu vermeiden. In dem Handgemenge gingen zehn junge Menschenleben verloren, einen Eingeborenen nahmen wir gefangen. Da nach dem Ausbruch der Feindseligkeiten keine Aussicht mehr vorhanden war, dass wir Lebensmittel würden kaufen können, und da auch Gewehr- und Bogenschützen bereits begannen, die Felsen zu besetzen, mussten wir uns so rasch wie möglich aus dem Pass zurückziehen und irgendwo ein Lager bauen, ehe wir überwältigt würden.

Den Eingeborenen, den wir als Gefangenen eingebracht hatten, fragten wir, was das feindselige Gebaren zu bedeuten habe. Der Mann gab uns keine Antwort. Dann bekleideten wir ihn mit schönen Stoffen, sandten ihn zum Häuptling und ließen sagen, wir seien weiße Männer und hegten nicht im

Geringsten kriegerische Absichten, wir hätten nur den einen Wunsch, so rasch wie möglich nach der Küste zu gelangen. Der Mann kehrte nicht wieder zurück, wohl aber wurde im Laufe des Tages mehrfach der Versuch gemacht, uns zu belästigen. Um vier Uhr nachmittags erschienen im Norden, Osten und Süden drei starke Trupps, um einen Hauptangriff zu unternehmen. Jetzt machten wir das Schnellfeuergeschütz bereit. Die Wasukuma kamen näher. Vor dem von Süden her vorrückenden Haufen schlichen mehrere Plänkler, die bis aus 200 Meter herankrochen. Einer von ihnen wurde erschossen, und dann gab das Schnellfeuergeschütz etwa 150 Schüsse ab. Es wurde zwar keiner der ins Gras geduckten Eingeborenen getroffen, aber die große Schussweite des Geschützes und der Geschosshagel verfehlten ihre Wirkung nicht. Die Feinde ergriffen die Flucht.

Am 21. September setzten wir den Marsch nach der Küste fort. Wir waren noch nicht lange aus den Beinen, als die gesamte Bevölkerung von Usukuma sich an unsern Flanken zu sammeln begann. Die Eingeborenen beschränkten sich zwar darauf, uns in einer dicht gedrängten Kolonne zu folgen, dann und wann aber wurde aus Gewehren auf uns geschossen. Wir warfen unsere Lasten ab und gingen zum Sturm vor. Schon in der nächsten Minute war der Feind in vollem Lauf auf dem Rückzug. Wir nahmen die Lasten wieder auf und marschierten weiter — auch die Eingeborenen sammelten sich sofort von Neuem und folgten uns unverdrossen während eines sechsstündigen ermüdenden Marsches. Wir litten unsäglich unter dem Mangel an Wasser und Ruhe. Unsere Rinder und Reittiere waren schon seit zwei Tagen nicht mehr getränkt worden. Glühend heiß schien die Sonne, unsere Gesichter waren sonnverbrannt, die Haut war geborsten. Immer wieder stürzten die Eingeborenen mit Kriegsgeschrei und fürchterlichem Gebärdenspiel auf uns los. Zu den Seiten unserer Kolonne drängten sich schreiende Krieger, höhnende Jünglinge und spottende Mädchen; sie quälten unser Ohr mit Geheul und Drohungen. Bei der Ankunft im Lager vergrößerte sich der Pöbelhaufen. Gruppen lärmender, langbeiniger Gesellen lungerten um unsere Zelte; herausfordernd schwangen sie ihre Waffen, bliesen aus schrillen Kriegsflöten und belästigten uns mit widerwärtigen Zurufen.

Immer wieder versuchten wir, uns mit unsern Widersachern gütlich auseinanderzusetzen, ehe die Waffen reden sollten, aber oft genug mussten doch die Gewehre das letzte Wort sprechen.

26. Zu Hause!

Am 17. Oktober wurden wir von zwei französischen Missionaren eingeholt, die als Invaliden auf der Heimreise waren und sich auf dem Weg zur Küste uns anschließen wollten. In der Nähe des Dorfes, in dem wir zusammentrafen lagen mehr als hundert Menschenschädel und die Wege waren ringsum mit angezählten Knochen besät. Aus meine Frage, was für ein Unglück sich hier zugetragen habe, erfuhr ich, dass diese Schädel die Überreste eines mehr als vierhundert Köpfe zählenden Stammes der Wanjaturu seien. Sie waren hierher geflohen, um dem Hungertod zu entgehen. Was die Leute mitgebracht hatten, war bald für Lebensmittel ausgegeben, und als diese verzehrt waren, mussten die Leute ihre Kinder und dann ihre Frauen verkaufen. Als sie gar nichts mehr besaßen, hatten sie Hungers sterben müssen.

Zwei Tagemärsche weiter erreichten wir die deutsche Station Mpuapua, wo wir von Leutnant Rochus Schmidt willkommen geheißen wurden. Leutnant Schmidt war von Major Wissmann, dem kaiserlichen Kommissar von Deutsch-Ostafrika, zu unserer Begrüßung gesandt worden und schon vor einem Monat eingetroffen. Er hatte bereits eine steinerne Brustwehr um sein kleines Lager aufgeführt, das hundert Zulusoldaten beherbergte. Bald erreichten uns auch die von Major Wissmann vorsorglich abgesandten reichen Vorräte an Lebensmitteln.

Als wir uns am Abend des 3. Dezember nahe dem Kinganifluss beim Mondschein unterhielten, hörten wir einen Kanonenschuss. Es war der Schuss, der allabendlich in Sansibar abgefeuert wird! Er veranlasste meine Sansibarer zu einem ohrenbetäubenden Freudengeschrei, denn er verkündete ihnen, dass der lange Marsch über das afrikanische Festland seinem Ende entgegenging. Auch die Ägypter und ihre Begleiter stimmten in den Jubel ein; jetzt wussten sie, dass sie innerhalb der nächsten 24 Stunden den Ozean sehen würden, auf dem sie in ihre Heimat gebracht werden sollten!

Bei der Ankunft an der Fähre über den Kingani begrüßte uns Major Wissmann. Auf dem rechten Ufer fanden wir gesattelte Pferde vor; ich übergab Leutnant Stairs den Befehl über die Kolonne und ließ mich mit Emin-Pascha von Major Wissmann nach Bagamojo geleiten. Zu dieser Küstenstadt, deren Straßen zu unsern Ehren mit Palmenzweigen geschmückt waren, begrüßte uns die Bevölkerung mit herzlichen Glückwünschen, und wir wurden von vielen tapferen deutschen Offizieren empfangen. Sie hatten die Strapazen und Gefahren des erbitterten siegreichen Kampfes geteilt, den Major Wissmann gegen die unzufriedenen Araber von Deutsch-Ostafrika führte.

Um eine Ecke biegend, erblickten wir die blaue Fläche des Indischen Ozeans.

„Da, Pascha," sagte ich, „wir sind zu Hause!"

„Gott sei es gedankt!", erwiderte er. In demselben Augenblick donnerten die ihm zu Ehren abgegebenen Schüsse der deutschen Batterie und kündigten den vor Anker liegenden Kriegsschiffen an, dass Emin, der Gouverneur von Äquatoria, in Bagamojo eingetroffen sei.

Um vier Uhr nachmittags marschierte unsere Kolonne in die Stadt ein. Die Leute wurden nach den in der Nähe des Strandes bereits aufgeschlagenen Hütten geführt, und als die, Träger ihre Lasten auf den Boden warfen und als die kranken Männer und Frauen und die schwächlichen Kinder zum letzten Mal aus den Hängematten stiegen, da kam es uns erst recht zum Bewusstsein, was unsere Ankunft an der Meeresküste bedeutete!

Am 6. Dezember 1889 wurde meine Kolonne auf dem englischen Kriegsschiff „Somali" und auf drei Dampfern des Majors Wissmann eingeschifft; wir traten die Reise nach der Insel Sansibar an. Mit tiefen Zügen atmeten wir die von Krankheiten und Miasmen freie Seeluft. Welche große Erleichterung fühlte ich, als es jetzt ein Ende hatte, jeden Morgen zwischen Hunderten ächzenden und verzweifelnden Invaliden sich zu erheben, die mir ihre Hilflosigkeit klagten und mich um Beistand anflehten! Wie glücklich konnte ich mich preisen, dass es vorbei war mit den täglichen Szenen von Krankheit, Leiden und nicht zu milderndem Elend! Was hatten wir seit jenem Tage ertragen müssen, an dem ich leichten Herzens die Mission übernommen hatte, den Gouverneur der Äquatorialprovinz zu entsetzen!

Viele Bilder aus den wundervollen Gegenden im Innern Afrikas werden sich für alle Zeiten der Seele einprägen, die Erinnerung an viele Erlebnisse in jenem großen Wald wird immerdar wach bleiben. Noch oft werde ich den Donner der Urwaldgewitter krachen und mit rollendem Echo ins Unendliche hinein verhallen hören, noch oft werde ich die bleifarbenen Nebel und

Zeichnung von Frau Dorothy Stanley.

die giftigen Dünste empfinden, aber auch das Glitzern des betauten Grüns bewundern und immer wieder den Duft der tropischen Blumen spüren.

Dann und wann werden vor dem Geiste Gestalten vorübergleiten, die im Dunkel des Regenschauers kauern, vor Kälte zitternd, vor Hunger verzweifelnd, hohläugig und abgemagert. Lange noch werde ich das Ächzen der Sterbenden hören, die starren Körper der Toten sehen und vor der Hoffnungslosigkeit unserer Lage zurückschaudern. Dann aber steigt wie der Abglanz eines schönen Morgens das Grasland vor meinem geistigen Auge auf. Und oft schweifen die Gedanken um die in ihrer Glorie hoch über der afrikanischen Welt thronenden weißhäuptigen Bergkönige, ich lausche dem Rauschen der aus den Schluchten des Ruwenzori hervorbrechenden Wasser, und meine Gedanken fliegen über unermesslich weite Ebenen nach dem in tiefem Blau prangenden Indischen Ozean!

Und immer wieder werde ich Gott dem Herrn danken, dass er mir den Weg zeigte im dunkelsten Afrika!

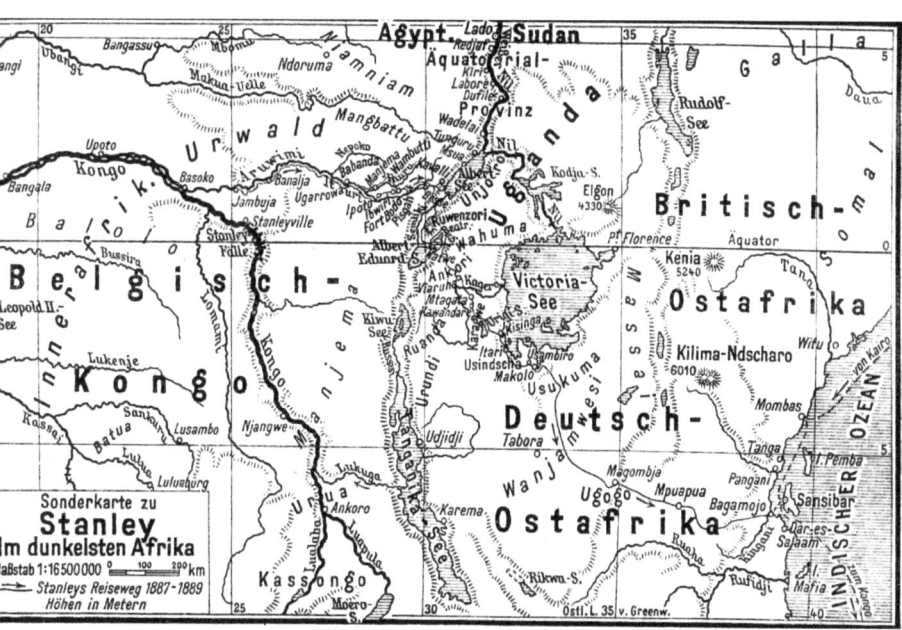

BUCHTIPPS

Abrupte Klimaschwankungen seit 2000 Jahren

Lokale und kosmische Ursachen eines Klimawandels. Herausgeber: Sedlacek, Klaus-Dieter (Hrsg.). Innerhalb der letzten zwei Jahrtausende sind verschiedene abrupte Klimaschwankungen nachweisbar. Der fortwährende Wandel des Klimas verzeichnete allein fünf große Klimaepochen und zahlreiche ...

Allgemeine moderne Psychologie

Allgemeine moderne Psychologie Systematische Einführung in die Wissenschaft psychischer Prozesse Autor: Messer, August Man hat mit Recht drei Hauptwurzeln der Psychologie unterschieden: die praktische Menschenkenntnis, den religiösen Seelenglauben und die biologische Lebenserklärung. Psychologie als ...

Anleitung zum Roman-Schreiben

Wie man anfängt, einen Plot entwickelt und eine gute Geschichte erzählt. Autor: Wilde, Oliver J. Sie wollen einen Roman schreiben? Das ist toll! Aber begnügen Sie sich nicht damit, nur einen Roman ...

Äquivalenz von Information und Energie

Die Grundbausteine der Welt – Neuausgabe – Autor: Sedlacek, Klaus-Dieter. „Es stellt sich letztendlich heraus, dass Information ein wesentlicher Grundbaustein der Welt ist", versicherte der durch sein Quantenteleportationsexperiment bekannte Prof. Zeilinger in ...

Besseres Gedächtnis

Wie man es stärkt, trainiert und einsetzt. Autor: Atkinson, Wilhelm Walker. Viele Menschen scheinen zu glauben, dass Erinnerungen einfach kommen und nicht gefördert werden können. Aber der Trugschluss einer solchen Vorstellung wird ...

Der erdgeschichtliche Klimawandel

Den wahren Ursachen von Klimaschwankungen auf der Spur. Autor: Wilhelm Bölsche , Klaus-Dieter Sedlacek (Hrsg.). Der Klimazustand während der letzten Jahrhunderttausende ist im Wesentlichen auf den Einfluss von Sonneneinstrahlung zurückzuführen, die der ...

Der verborgene Mechanismus des Weltgeschehens

Der verborgene Mechanismus des Weltgeschehens Neue Erkenntnisse über die Gestalten biotechnischer Systeme der Welt Autoren: Sedlacek, Klaus-Dieter; Francé, Raoul H. Seit Jahrtausenden ist die Menschheit bestrebt, die Welt, in der sie lebt, erkennen ...

Die geheimnisvolle Kultur der alten Kelten

Von Druiden, Fürstensitzen und der Lebensart unserer frühgeschichtlichen Vorfahren. Autor: Grupp, Georg Die Kelten zeichneten sich aus durch hohes handwerkliches Können, Handelsbeziehungen bis in den Süden Europas und tollkühnem Mut, der den ...

Die Kultur der Azteken

Mit einem Anhang Große Landesausstellung Baden-Württemberg „Azteken" im Lindenmuseum. Autor: Prescott, William. „Von dem ganzen ausgedehnten Reich, das einst die Herrschaft Spaniens in der Neuen Welt anerkannte, ist kein Teil an Wichtigkeit ...

Die Lebenskraft

Wie Enzyme, Bewusstsein und quantenbiologische Effekte das Leben regulieren Autoren: Sedlacek, Klaus-Dieter; Wrobel, Norbert Der Begründer der Quantenmechanik und Nobelpreisträger Erwin Schrödinger beschäftigte sich unter anderem mit der Frage: „Was ist Leben?" ...

Die letzten Ursachen

Das Buch der Naturerkenntnis. Hrsg.: Sedlacek, Klaus-Dieter. Die klassischen physikalischen Theorien, zum Beispiel die klassische Mechanik oder die Elektrodynamik, haben eine klare Interpretation. Den Symbolen der Theorie wie Ort, Geschwindigkeit, Kraft beziehungsweise ...

Die verborgene Ordnung des Weltsystems

Neue Erkenntnisse über die schöpferischen Kräfte der Natur. Autor: Francé, Raoul Heinrich. Wie zeigt sich die verborgene Ordnung des Weltsystems? Woher kommt die Erfindungskraft, die den Wohlstand bei uns sichert? Ist sie ...

Durchblick Chemie

Praktische Grundlagen und Einführung in die anorganische, organische und Biochemie Klaus-Dieter Sedlacek, Lassar Cohn, Walther Löb Wollen Sie in unserer modernen Welt mitreden? Dann brauchen Sie den Durchblick! Dazu gehören auch Grundkenntnisse ...

Einfach logisch denken!

Oder die Gesetze des Denkens. Autor: Atkinson, Wilhelm Walker In diesem Buch werden die Methoden und Prinzipien der korrekten Anwendung des Denkvermögens aufgezeigt, und zwar auf eine einfache und klare Weise, ohne ...

Einsteins Relativitätstheorie ganz ohne Mathematik

Spezielle und allgemeine Relativitätstheorie Paul Kirchberger , Klaus-Dieter Sedlacek (Hrsg.) Man wird nicht selten gefragt, ob man eine Schrift wisse, die in die Einsteinsche Theorie für Laien so einführen könne, dass ...

Epigenetik-Experimente

Neuvererbung oder Beweise für die Vererbung erworbener Eigenschaften? Autor: Kammerer, Paul Der Biologe Paul Kammerer wurde durch seine Aufsehen erregenden Experimente zur Epigenetik berühmt. In einer seiner Versuchsserien verwendete er zwei Arten ...

Es begann mit Feuerskraft

Das Werden des Menschen und seiner Kultur. Autor: Neumann, Carl Wilhelm . Seit Anbeginn seiner Tage war der Mensch keineswegs der stolze Beherrscher der Natur, als den er sich heute mit Recht ...

Exotische Reise durch Persien
Abenteuerlicher Bericht aus einer fremdartigen Welt des 19ten Jahrhunderts. Autor: Loti, Pierre. „Wer mit mir kommen und die Zeit der Rosenblüte in Ispahan sehen will, der mache sich gefasst auf die Gefahren ...

Freizeitvergnügen Sternenhimmel mit bloßem Auge
Wie man Sternbilder auffindet ohne Instrumente. Autor: Kirchberger, Paul. Der Anblick des gestirnten Himmels ist das Größte, das uns die Natur zu bieten vermag, und kein empfängliches Gemüt kann sich seinem Eindruck ...

Geld vernünftig ausgeben
Über die richtige Art von Sparsamkeit Autor: Marden, Orison Swett Im Inhalt behandelte Punkte: – Wirtschaft ist keine Schikane, sondern das planvolle Handeln zur Befriedigung von Bedürfnissen. – Kapital ist der kleine Unterschied zwischen ...

Gestalt-Psychologie
Einführung in die neue Psychologie vom Begründer der Gestaltpsychologie Kurt Koffka , Klaus-Dieter Sedlacek (Hrsg.) Kurt Koffka hat als forschender Psychologe für dieses Buch zur Einführung in die Psychologie einen besonderen ...

Homöopathie und Praxis
Naturheilkundliche alternative Medizin für den mündigen Patienten. Autor: Voorhoeve, Jacob. Der Zweck des Buches ist es, den Leser mit der homöopathischen Heilweise näher bekannt zu machen. Unter Wahrung des wissenschaftlichen Charakters gibt ...

Im dunkelsten Afrika
Die legendäre Emin-Pascha Expedition. Autor: Stanley, Henry M. Im Sudan, der ab 1821 unter die Herrschaft der osmanischen Vizekönige von Ägypten gekommen war, brach 1881 der Mahdiaufstand aus. Nach dem Abzug der ...

Jenseits der Erscheinungen
Erkennbarkeit und Realität der Quantennatur. Autor: Schlick, Moritz. Es ist kein Zweifel, dass echte Erkenntnis der transzendenten Welt sehr wohl möglich ist. Die Wendung, zu der die Physik der letzten Jahre bzw. Jahrzehnte ...

Kleines Wörterbuch der Natur-Philosophie
1200 Begriffe, die man kennen sollte, kurz und prägnant. Herausgeber: Sedlacek, Klaus-Dieter. „Ein neues Wörterbuch der Natur-Philosophie? Wozu soll das gut sein? Schließlich gibt es doch ein riesiges, umfangreiches Internetlexikon in aller ...

Klimaänderungen und Klimaschwankungen
Ursachen, historische Fakten und kosmische Einflüsse, sowie ein Anhang „Mittelalterliche Warmzeit" Eduard Brückner, Julius Hann , Klaus-Dieter Sedlacek (Hrsg.) Größere Klimaänderung und Klimaschwankungen können nicht ohne einen tiefgehenden Einfluss auf das ...

Kultur erleben mit dem Wohnmobil in Frankreich
Vierzig kulturelle Highlights, Park- und Übernachtungsplätze sowie Navigations-Koordinaten Klaus-Dieter Sedlacek (Hrsg.) Dieser Wohnmobilführer ist anders. Er hilft uns, Kulturerlebnisse zu einem Genuss werden zu lassen. Er enthält die Beschreibung von vierzig kulturellen ...

Leben aus Quantenstaub
Leben aus Quantenstaub Elementare Information und reiner Zufall im Nichts als Bausteine einer 4-dimensionalen Quanten-Welt Autoren: Wrobel, Norbert; Sedlacek, Klaus-Dieter Obwohl bereits vor mehr als hundert Jahren die Quantenphysik Gestalt annahm, setzte sich ...

Leben in der Warmzeit der Erde
Aus den Urtagen vor dem heutigen Klimawandel Wilhelm Bölsche , Klaus-Dieter Sedlacek (Hrsg.) Der Weltklimarat schlägt Alarm. Die Lage spitzt sich zu: Die Erde erwärmt sich immer mehr. In diesem Buch geht ...

Leben nach dem Leben
Die Befreiung des Bewusstseins von den Fesseln der Zeit Klaus-Dieter Sedlacek Für uns Menschen hat die Frage nach dem zeitlichen Ende unserer Existenz eine hohe Bedeutung. Die Antwort, die der Glaube sucht, ...

Leonardo da Vinci
Seine naturwissenschaftlichen Studien und genialen Erfindungen Hermann Grothe , Klaus-Dieter Sedlacek (Hrsg.) Leonardo da Vinci versuchte, ein Phänomen zu verstehen, indem er es genau beobachtete und bis ins kleinste Detail beschrieb ...

Liebesbeziehungen und deren Störungen
Lebensführung nach den Grundsätzen der Individualpsychologie. Autor: Alfred Adler , Klaus-Dieter Sedlacek (Hrsg.). Um einen Menschen ganz kennenzulernen, ist es notwendig, ihn auch in seinen Liebesbeziehungen zu verstehen ... Wir müssen ...

Massenpsychologie am Beispiel Jan Bockelsons
Geschichte eines Massenwahns mit einer Einführung von Sigmund Freud Friedrich Reck-Malleczewen , Klaus-Dieter Sedlacek (Hrsg.) Der Begriff Massenhysterie oder auch Massenwahn bezeichnet eine starke emotionale Erregung in großen Menschenmengen. Auch massenhaft ...

Meine erste Weltumseglung
Tagebuch einer epochalen Expedition James Cook , Klaus-Dieter Sedlacek (Hrsg.) James Cook unternahm seine erste Weltumseglung im Rahmen einer wissenschaftlichen Expedition, um den Durchgang des Planeten Venus vor der Sonnenscheibe – ...

Mit der Beagle um die Welt

Bericht meiner Forschungsreise zum Galapagos-Archipel Charles Darwin , Klaus-Dieter Sedlacek (Hrsg.) Auszug aus Darwins Reisebericht: Ich habe die Reise mit zu tief empfundenem Entzücken gemacht, als dass ich nicht jedem Naturforscher empfehlen ...

Naturphilosophie

Das Wesen von Naturgesetzen und die Erklärung des Lebens. Neubearbeitung. Autor: Schlick, Moritz. Die Naturphilosophie verhält sich zur Naturwissenschaft wie die Philosophie im Allgemeinen zur Wissenschaft überhaupt. So ist es die Aufgabe ...

Optische Täuschungen

… und Illusionen, sowie ihre Ursachen. Autor: Reuss, August von . Optische Täuschungen bzw. Illusionen können nahezu alle Aspekte des Sehens betreffen. Es gibt Illusionen aller Art, Lichtblitze, Farbreize, Tiefenillusionen, geometrische Illusionen, ...

Peking – Paris im Automobil

Die legendäre 16.000 km – Rallye 1907. Autor: Barzini, Luigi. „Gibt es jemanden, der diesen Sommer eine Fahrt per Automobil von Peking nach Paris unternehmen wird?", fragte die Pariser Zeitung Le Matin ...

Phänomen Naturgesetze

Phänomen Naturgesetze Das Geheimnis hinter den Erscheinungen der Welt Autor: Sedlacek, Klaus-Dieter Was uns an den beinahe mythischen Denkern der antiken Welt so fasziniert, ist die wundervolle, abgeschlossene Einheit ihres Weltbildes. Mit welcher ...

Psychologische Verkaufskunst

Denk- und Handlungsweisen, Vorgangsweise und Abschluss. Autor: Atkinson, Wilhelm Walker. In der Psychologie der Verkaufskunst gibt es zwei wichtige Elemente, nämlich (1) Die Psyche des Verkäufers; und (2) die Psyche des Käufers. Das zu verkaufende ...

Quantenbewusstsein

Quantenbewusstsein Natürliche Grundlagen einer Theorie des evolutiven Quantenbewusstseins Autoren: Wrobel, Norbert; Sedlacek, Klaus-Dieter Seltsam sind die physikalischen Gesetze, die unsere Welt wirklich beherrschen: Es sind die Gesetze einer makroskopischen Quantenwelt, in der alles ...

Supervereinigung

Wie aus nichts alles entsteht. Ansatz einer großen einheitlichen Feldtheorie. – Neuausgabe -. Autor: Sedlacek, Klaus-Dieter. Unter Physikern herrscht allgemein Übereinstimmung darin, dass die fundamentale Wirklichkeit unserer Welt aus Feldern besteht. Bei ...

The great god Pan / Der große Gott Pan – zweisprachig

Horror story English – German / Horror Geschichte Englisch – Deutsch. Autor: Machen, Arthur. The Great God Pan is a horror and fantasy novel by the Welsh writer Arthur Machen. Machen was ...

The nature of the physical world

The Gifford Lectures 1927 Sir Arthur Eddington , Klaus-Dieter Sedlacek (Hrsg.) In these lectures the author Eddington discusses some of the results of modern study of the physical world which give ...

The Philosophy of Physical Science

TARNER LECTURES 1938 – CAMBRIDGE Sir Arthur Eddington , Klaus-Dieter Sedlacek (Hrsg.) It is often said that there is no „philosophy of science", but only the philosophies of certain scientists. But ...

Treibhauseffekt und Klimawandel

Energiewende, ja bitte, aber nicht wegen CO2. Von Sedlacek, Klaus-Dieter (Hrsg.) Dieses Buch dokumentiert zum Thema Klimawandel und CO2 teils unbequeme wissenschaftliche Fakten bzw. Meldungen und die dazugehörigen Quellen. Sie sind eingeladen, ...

Unsterbliches Bewusstsein

Raumzeit-Phänomene, Beweise und Visionen – Taschenbuchausgabe Klaus-Dieter Sedlacek In diesem Buch geht es weder um Glauben noch um Esoterik, sondern um Beweise. Glaubwürdige, wissenschaftliche Beweise, die in eine Form gepackt sind, dass ...

Wege zur Physikalischen Erkenntnis

Meine wissenschaftliche Selbstbiographie, Reden und Vorträge Max Planck , Klaus-Dieter Sedlacek (Hrsg.) Diese erweiterte Neuauflage des Buchs „Wege zur physikalischen Erkenntnis" enthält neben der wissenschaftlichen Selbstbiographie folgende Vorträge: Die Einheit des physikalischen ...

Wie intelligent sind Pflanzen?

Sensationelle Einblicke in die geheime Seite des pflanzlichen Wesens Autoren: Wagner, Adolf; Sedlacek, Klaus-Dieter In diesem Buch behandeln die Autoren Fragen zum Thema Intelligenz und Bewusstsein bei Pflanzen und geben Antworten. Der ...

Wie man seinen Verstand benutzt

Und seine Willenskraft stärkt. Ein praktisches Handbuch der Psychologie. Autor: Atkinson, Wilhelm Walker. Der Mechanismus der psychischen Zustände – die geistige Maschinerie, mit deren Hilfe wir fühlen, denken und wollen – ...

Zeichnen für Einsteiger

Achtzehn Lektionen in naturalistischem Zeichnen. Autor: Furniss, Dorothy. Magst du die Malerei? Ist Zeichnen für dich interessant? Hast du einen Bleistift, eine Schachtel Kreide oder einen Malkasten? Denn wenn du auch nur ...

Internet: https://leseproben.net